JN072481

高校生が感動した英語独習法

安河内哲也
Yasukochi Tetsuya

PHP新書

はじめに

英語学習の冒険へようこそ！

　みなさん、こんにちは。安河内哲也です。35年間英語講師をしています。皆さんを、英語学習の冒険に招待したいと思います。

　英語を学ぶことは、新しい世界への扉を開く冒険です。しかし、その道は曲がりくねっていて、まるで迷路のようです。そこで、皆さんが迷わないように案内役を務めるのが私です。本書では、皆さんがまっすぐに進めるように、私が現場から学んだこと、最新のAIの情報などを織り交ぜてお話しします。**古き良きものは尊重し、最新の技術はどんどん取り入れていく**。温故知新の精神で講義を進めたいと思います。

　英語学習では、単調な練習に耐えることが重要です。でも、一方で、楽しさを追求することも大切です。だって、楽しくなければ勉強は続きませんから。好きな映画や音楽を英語で楽しむ、興味を持っているトピックについて英語で学ぶ、英語で友達とコミュニケーションを取るなど、楽しみながら学ぶ方法を本書ではたくさん紹介します。

　練習を習慣化する方法についても講義します。毎日少しずつ積み重ねれば、大きな成果が生まれます。でも、何をどのようにして継続していいのかわからない

3

という方も多いと思います。そんな人に向けてのアドバイスもしていきたいと思います。

ウェブで即座に翻訳をしてくれる時代、英語を学ぶ必要はあるの？と思っているかもいるかもしれません。**逆です。AIの時代だからこそ、世界の人々と、英語を話してコミュニケーションをするスキルがますます重要になると思います。**でも、英語を話すためには、英語をインプットすることも重要です。英語はインプットとアウトプットのバランスが大切なのです。この講義では、リーディング、リスニング、スピーキング、ライティングの4技能をバランスよく融合する方法を話していきます。

現在は、英語学習をするための多様な資源が、無料で、もしくは安価にインターネットを介して活用できます。オンラインコース、アプリ、YouTube、書籍、生成AIなど、さまざまな手段を活用して学習を充実させる方法に関しても、講義します。

従来、英語をひとりで勉強することはとても難しいことでした。英作文や発音が間違っていても、それを正してくれる人がいないのですから。しかし今、AIやインターネットアプリが、英作文や発音の修正点をやさしく指摘してくれる時代になりました。さらにオンライン英会話まで習慣化してしまえば、まさに感動するほど、独習で英語が上達するのです。

この最新の英語勉強法を高校生に教えると、彼らはかなり意欲的に英語の独習に取り組むようになり、モ

チベーションもずっと維持できるようです。そして英語力が着実に伸びていくことに驚きを覚えます。

　現代はAIやアプリを用いた英語勉強法を知っている人とそうでない人の間には、かなり差がついてしまう時代です。だからこそ、これから英語を勉強する人には、是非このタイムパフォーマンス抜群の勉強法を知ってほしいと思います。

　英語学習は、新しい世界への扉を開き、世界への第一歩を踏み出すための鍵です。しかし、その冒険にはやる気と情熱が不可欠です。今すぐにこのアドベンチャーに飛び込んで、新しい言語と文化の世界を探索しましょう。共に、英語学習の旅を満喫しましょう。

　　　　　　　　　　　　　　　　　安河内哲也

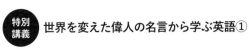

第3章　感動するほど話せるようになる
　　　　スピーキング学習法
──話すためのマインドセットとは

**特別
講義** 世界を変えた偉人の名言から学ぶ英語②

第4章　感動するほど身につく
英文法学習法
──文法は使って覚える

特別講義 世界を変えた偉人の名言から学ぶ英語③

第5章　感動するほど書けるようになる
ライティング学習法
──AIと連動させて鍛える

特別講義 世界を変えた偉人の名言から学ぶ英語④

第6章 感動するほど読み取れる
リーディング学習法
——ゴールは「耳で聴いてわかる」こと

特別講義 世界を変えた偉人の名言から学ぶ英語⑤

第7章 生成AIで英語学習は変わる！

【音声コンテンツについてのご案内】

　本書に掲載した英文の一部について、ネイティブが朗読した音声コンテンツを、PHP研究所のホームページから聞くことができます。

　各単語・例文の◀マークが音声コンテンツがあることを示しています。該当のページにQRコードも記載しておりますので、こちらを読み取ることで音声を聞くことができます。

　また、下記の手順でも再生できますので、お手本をまねしながら正しい発音を心がけてみてください。

［再生の手順］

①下記のURLにアクセス、もしくは下記のQRコードを読み取ってください。

https://www.php.co.jp/books/yasukochi_english/

②ホームページに記載されているページ数が本書のページに対応しております。各ページのリンクをクリックして音声をお聞きください。

※本サービスには通信料が発生します。
※諸般の事情により、予告なしにこのサービスを終了させていただく場合がございます。

第1章

英語学習で
一番大切なこと

▶ 英語学習で最も大切なものとは何か？

　まず初めに、なぜこの AI の時代に英語を学ぶ必要があるのか、そして、どのような考え方、つまりマインドセットを持って英語を学習すればよいのかについて、お話ししたいと思います。

　本題に入る前に、私の英語学習歴を含めた自己紹介をさせていただきます。

　私は今でこそ、高校生から社会人まで、あらゆる立場の方々に英語を教えるという偉そうな仕事をしていますが、私の英語学習歴はずっと順風満帆だったわけではありません。帰国子女でもなく、長期の留学経験もなく、英語の失敗もたくさん体験してきました。なので私の学習履歴は一人の学習者の実例として皆さんのお役に立てると思います。皆さんの英語学習と重ね合わせながら、読んでいただければうれしいです。

▶ 山あり谷ありの英語人生

　私は福岡県の北九州市で生まれ、遠賀郡岡垣町という小さな町で育ちました。外国に行くこともなく、高校を卒業して、浪人し、東京に出るまで、ずっとその小さな町で過ごしました。もちろん当時の小学校では英語の授業などなかったのですが、小学校高学年のときに近所の塾でアルファベットとローマ字を教えてもらいました。中学校に入ってやっと英語の授業が始まったのですが、他の生徒たちとは違ってアルファベットの読み書きが多少できていたので、英語の成績

だけは、5段階評価の4がとれていました。人よりもちょっとだけできたということが、私に自信を与えてくれたのです。

「アルファベットが読める」

　そんなちょっとした「アドバンテージ」が自信となり、それが英語に対するハードルをグッと下げてくれました。

　ただ、地元ののんびりした公立中学校ですから、特別英語に熱心に取り組んでいたわけではありません。中学から高校までは、今のようにネイティブの英語が使われたり、授業中に英語を話したりするわけでもなく、先生の日本語の話を聞いているだけの英語の授業でした。そして、そのまま浪人するわけですが、英語学習への転機が再び訪れるのは、この予備校時代です。

▶ 音を使った学習に触れる

　予備校で魅力的な英語の先生に出会ったことで英語学習への取り組みがガラリと変わりました。まず、英語の発音がネイティブ並みの先生との出会いが衝撃的でした。授業中は先生の発音をまねて、たくさん音読をする時間があり、家では予備校のテキストをひたすら音読して、さらに練習しました。他にも英語教育の権威である先生のお弟子さんや、海外での体験を面白く話してくれる先生がいらっしゃって、とにかく楽しく英語を教えてくださったのです。とりわけ、それま

で体験していなかった「音」を使って学ぶという体験によって、英語への関心が一気に高まりました。

今でこそ英語は音とセットで学ぶものであるという認識が一般的になっていますが、当時「読み書き以外の英語」を学ぶことは、とても新鮮であり画期的だったのです。都心でなくても、そういった先生たちのおかげで、当時としては最先端の英語教育を受けることができました。

このような素晴らしい先生方との出会いと、もともと英語くらいしかほどほどにできる科目がなかったのも相まって、「英語を話せるようになりたい！」と強烈に思ったことが、学習のモチベーションとなり英語の成績が急上昇しました。おかげで、他の科目の勉強法もわかってきて、2回目の大学受験では、受けた大学にほとんど合格することができました。その当時は1年次から、専門として英語が勉強できる大学は少なく、進学先として、上智大学の英語学科を選択することにしました。

ここから「私の華々しい英語ライフがスタートしました！」と言いたいところなのですが……。ここでまさかの人生最大のスランプに陥ってしまったのです。

▶ 英語劣等生への転落

英語の勉強が1年生からできるということで意気揚々と入学したのですが、その当時の英語学科のレベルの高さは、地方出身の私を打ちのめすようなもので

した。おそらく入試制度のせいだと思うのですが、帰国子女などの海外経験者が、かなりの数を占めていたのです。

授業もテキストもすべて英語。つまり「英語は聴けて話せて当たり前」の状況からのスタートでした。受験勉強で必死に身につけたつもりの英語も通用せず、先生が話す英語もほとんどわからなかったのです。経験したことがある人ならわかると思うのですが、英語を使う環境で英語が「聴けない」ということは、つまりそこに存在していないことと同じなんですよね。

入学早々、出鼻をくじかれ、英語学習のモチベーションが一気に下がりました。その当時、巷では、

「アメリカに行けば英語が話せるようになる」

こんな都市伝説をよく耳にしました。英語に関してフラストレーションがたまっていた当時の私は「これだ！」と思い、アメリカに行くために必死でアルバイトをしました。そして、格安チケットを手に入れて、初めて渡米することになったのです。バックパッカーとして、全米を放浪する2カ月半の旅に出かけました。

この、「アメリカへ行った＝ペラペラになる」の公式はもちろん幻想だったのですが、ここでの経験がまた「英語のマインドセット」に大きな影響を与えることとなったのです。

▶ スランプ打開のための渡米

　さて、アメリカへ行って英語が話せるようになった
か？　これは実は Yes であり No でもあるんです。

　当然のことですが、2カ月半で英語がネイティブ並
みになることもありませんし、リスニングが劇的に向
上することもありませんでした。当然です。意味もわ
からないのにただ聴いていても、理解できるわけがあ
りません。それでもなんとかなってしまうのは、ジェ
スチャーや相手の表情が見えるから。

　ではなぜ Yes とも言えるのか？　それはアメリカ
での経験をきっかけに英語学習への姿勢、つまりマイ
ンドセットが 180 度変わったからです。

▶ マインドセットを手に入れる

　渡米を通して気づいたのは、英語が話せるようにな
るためには、英語力それ自体に加えて「マインドセッ
ト」の転換がとても重要だということです。

　アメリカで一緒に過ごしたのは、ドミトリーに宿泊
する世界中からの旅行者たちでした。もちろん共通語
は英語、彼らの英語に対する姿勢は、日本人とはまっ

たく違っていました。彼らは、英語を完全な道具と考えていて、多少の間違いがあっても、自分の意見を伝えるためにどんどん英語を使うのです。私から見ても、現在形と現在進行形の区別ができていなかったりなど、とんでもない間違いがあるのですが、そんなこととお構いなしでしゃべりまくって、みんなの目を引きつけて、感心させたり笑わせたりする。これが、世界で使われている英語なんだと目の当たりにしました。

　英語の技能の向上はもちろん大切なのですが、どんなに正確に単語や文法を覚えても、それを現場で使いこなせなければ意味がない。**相手が言っていることの真意を素早く理解し、応答する対話力を磨かなければ、リスニングの問題が解けるだけで、使える英語にはならない。**それに気づいた私は、帰国後、学習法をそれまでのインプットばかりの勉強法から、アウトプットを重視する勉強法に変え、もう一度英語に真剣に向き合うことにしました。

　具体的な学習方法は本編でお伝えしていきますが、まずは皆さんに「マインドセット」を変えることから始めていただきたいと思います。このときの私の気づきはAI革命にさらされている今の英語学習者にとっても、最も重要なものですから。

　そんなこんなで、1年後再び渡米したのですが、そのときは前回とまったく違う結果となりました。英語を聴く力が改善したのに加えて、発信力が前回とはまるで違って、きちんと「対話する英語」になっている

と実感できたのです。特にテストの対策をしたわけで
もありませんでしたが、帰国後 TOEIC も 900 点、当
時の TOEFL も 600 点を超え、英検も 1 級を取得し、
英語科の学生としては恥ずかしくないレベルに到達し
て卒業できました。おかげで、東進ハイスクールの講
師として英語を教えるようになり、以来今まで 35 年
間、教壇に立ち続けています。その間、高校生、大学
生、ビジネスパーソン、英語の先生方など、多くの人
に英語を教えてきました。この経験も踏まえて、今こ
こで皆さんにお話をしています。

▶ 英語の学習法を伝えたい

　英語を教える仕事を選んだのは、この自分の経験を
人に伝える仕事がしたいと思ったからです。世の中に
は、英語が話せるようになりたいけれど、どうしたら
よいのかわからないという方が溢れています。私は、
プログラミングも楽器の演奏もできません。でも、英
語で困っている人を助けることなら、きっと他の人よ
りもずっと上手にできると思ったわけです。

　幸い、これまでたくさんの受講生の英語人生を変え
ることができました。

「大嫌いな英語が楽しくなった」

「どうして英語を勉強するのかがわかって、やる気が
出た」

「受験のためだけに英語を勉強するのではないとわ
かった」

　などと、英語学習へのモチベーションが上がった
り、英語に対してポジティブなイメージを持てるよう
になった方が大勢います。

　英語を学ぶ目的を理解し、モチベーションを上げる
ことこそが、英語学習では不可欠であることを、最初
に確認してください。

　今の英語力を心配するよりは、まずは英語を学ぶこ
との意義を理解し、信念を持つことが大切なのです。

《　Point　》

■ まず、「うまくなってから人と話そう」というマイ
　ンドセットを変えることから

■ 学ぶ目的を理解し、モチベーションを上げること
　こそが、英語学習では不可欠

▶学習の"タイパ"を高める

　さて、ここまでモチベーションの重要性について話
してきましたが、モチベーションを保つ上でもとても
重要となってくるのが、タイムパフォーマンス、つま
り"タイパ"です。

　限られた時間で「いかに効率よく学習していくか」
ということですね。

　もちろん、宣伝文句でよく見かける「1カ月で英語
をマスターする」とか、そういうオカルトのようなも
のではなく、現実的に重要なことから効率的よく、論
理的に学んでいきましょうということです。

スポーツでも楽器でも、正しい手順に従わず、最初に下手なくせをつけてしまうと、そのくせを直すのに数倍の時間がかかります。英語もこれと同じことで、読む・書く・話す・聴く、これらを間違った勉強法で始めてしまうと、最初からもう一度やり直さなければならなくなるんです。それでは時間がもったいないと思いませんか？　だったら最初から、正しいやり方で始めていきましょうというのが、この講義の大きな目的なんです。

　そして今、タイムパフォーマンスを上げる手助けをしてくれるのが、インターネットやスマホ、動画を最大限に活用した勉強法です。そしてこの講義の後半で詳述する生成 AI です。本書では、今の時点で英語学習に活用できるツールの使い方を各分野においてできるだけ具体的にお伝えします。

▶ AI時代の英語学習ツール

　英語学習に使えるツールは、日々急激な進化を遂げています。一つの例は機械翻訳です。かつての自動翻訳といえば、文法を解析するソフトウエアと辞書データを、スタンドアロンのパソコンにインストールして、単語をルールに沿って並べただけの日本語や英語が出てくるものでした。当然、下訳程度にしか使えません。しかし今は、個別のデバイスがビッグデータと高速でやりとりをするようになりました。世界中のプロの翻訳者の過去のデータが収録されたビッグデータ

から、統計的に導き出された、実用性の高い訳文が出てくるようになっています。このような機械翻訳と文法添削 AI や生成 AI を組み合わせると、かつてよりはるかに高速に、英作文を学ぶことができるようになるわけです。

≪ Point ≫

■ 最初に間違った勉強法で始めてしまうと、やり直すのにかなり時間がかかる

■ 機械翻訳と文法添削 AI や生成 AI を組み合わせると、タイパに優れた英語学習ができる

▶ AI時代に英語学習は必要か？

今では、企業内のちょっとした文書作成やメールのやり取りは、AIでできてしまうようになりました。AI の翻訳能力は、英検1級取得者を超える実力であるとも言われています。また、生成 AI の進歩もめざましいものがあります。さまざまな英語の文書を指示に従って自動生成してくれるようになりました。文系人材であっても、自然言語で指示が出せるようになったわけです。

このような、話をすると必ず出てくる質問があります。

「AI に全部仕事を取られてしまいますか」

「英語はもう勉強する意味がないのですか」

「翻訳機を使えば十分なのではないのですか」

というような質問です。

　これらの質問への答えは Yes でもあり No でもあります。現実的に考えて、使用する英語の多くの部分が AI によって代替されていくことは間違いありません。だから、私たち人間は、AI に代替されない部分の英語力を身につけることを目指さなければならないということです。それでは、AI に負けない英語力とはどのようなものなのでしょうか？

　まずは「読む」「書く」についてです。先ほどもお話ししたように、かなりのレベルまで AI ができるようになっています。だから、単に英語を翻訳するだけであれば、一定のレベルまでは AI に代替されるでしょう。しかし、機械翻訳に関しても、生成 AI にしても、生成された文書に関する責任は、生成した当人が負わなければならないわけですから、確認のための読解力は依然必要です。大量の文書を素早く読み、誤訳や論理的矛盾がないかを確認し、編集する力が必要になってくるわけです。これまでとは、ちょっと違う種類の読解力が大切になってくるわけですね。また、AI で翻訳された文章では文化を反映した表現や、文学の理解はできませんね。一定レベルを超えた外国語の深い読解は、やはり人間にしかできません。

　また、生成 AI の時代になり、英語でプロンプトを書く力、つまり、AI に対する指示を出す力がますます重要になっています。AI の世界でも英語は共通語となっていますから、英語でのプロンプトの書き方が

良くないと、AIは良い仕事をしてくれません。そのような意味では、前提条件を示したり、指示を明確化したりしながら、英語を書く力がますます重要になってくると考えられます。

今後の「読む」「書く」の分野で必要となる力をまとめておくと、下記のようになります。

1. 速読力
2. 検証力
3. 論理力
4. 編集力
5. 質問力

▶「聴く」「話す」の分野で今後、必要になる力

では「聴く」「話す」についてはどうでしょうか。

この分野でも、自動翻訳技術がどんどん発達しています。肩掛けの携帯電話が小さくなり、電池が持たなかったスマホが何日も連続して使えるようになったように、今ではまだ使いにくいARグラス、つまり拡張現実メガネも、そのうち軽く使いやすいものになってくると思われます。そうすると、相手が話した内容をメガネの中に字幕として表示してやりとりをすることもできるようになるでしょう。単純な仕事や旅行などは、それでなんとかなると考えられます。

ただ、現実的に考えてこれには限界があります。日本語と英語は構造上かなり語順が違うので、変換するときにどうしてもタイムラグや違和感が生じてしまい

ます。この「タイムラグ」や「違和感」がAIと人間を分ける大きな境界線なのです。

その場の温度感や空気感を読みつつ、スピードを維持したままで進めてこそ円滑なコミュニケーションです。便利なAIもここでは人間にはかないそうもありません。

今後の「聴く」「話す」の分野で必要となる力をまとめておくと、下記のようになります。

1．感情を読み取る力
2．瞬時に反応する力
3．相手の感情を動かす力
4．人と人とをつなぐ力
5．体全体での表現力

相手の気持ちを汲み取って、こちら側の意図を感情と共に伝える。これは人間にしかできない技です。

AIが普及するからこそ、AIを使わずに英語で人間的コミュニケーションが取れるというということは、強力なアドバンテージになると思います。

私も、アメリカの会社に出資をして製品を作成してもらったり、アメリカのNPO、つまり非営利団体の理事を務めたりもしていますが、ビジネスや留学で非常に大切なのが、人間関係の構築です。今後は、生の言語で通じ合う仲間と、翻訳機で仕事だけする人に別れていくようになるかもしれません。

・AI翻訳で話す人とドライブやゴルフ

　・AI翻訳で話す人とワインを飲みながら食事
　・AI翻訳でパーティー
　・AI翻訳で話す彼氏や彼女
　これらを想像するとAIの限界が理解しやすいと思います。

▶ AI時代に求められる英語力とは？

　私自身は、AI翻訳や生成AIを大歓迎しており、日常生活でも仕事でもAIを使いまくっています。だから、英語教師としての自分の仕事を維持するためにAIを否定するなどというみっともないことはしたくありません。英語学習者の皆さんにもどんどんAIを使うことを推奨してします。そして、AIの限界を理解した上で、英語学習が必要だと思えば、英語をやればよいのです。

　まとめると、AI時代に必要なのは**人間的で魅力的なコミュニケーション能力**です。英語でのコミュニケーション能力は世界中のどこに行っても重宝します。人間はやはり人間に、一番惹かれるのです。

　残念ながら、一般的な日本人の英語学習は、AIに代替される部分ばかりを一生懸命追いかけていて、AIに代替されない大切な部分がないがしろにされているように感じます。

　だから、この講義の目標は、テストのスコアを上げることではありません。語彙数を増やすことでもありません。未来に役に立つ英語力を身につけるための、

確固たる方法論と哲学を構築することです。

　この講義を受けた皆さんが、これをきっかけとして10年後に世界で活躍されることを願っています。

```
《 Point 》
■AI 作成の英文の読解力や、AI へ的確な指示を出
　すための英語力が必要になる
■AI 時代に必要なのは、人間的で魅力的なコミュ
　ニケーションを生む英語力
```

Master English and change your future!

Tetsuya Yasukochi

第 2 章

感動するほど
聴き取れるようになる
リスニング学習法

英語習得のトッププライオリティ

▶耳を「ポータル」にすることが肝心

　第２章からは、いよいよ英語の４技能の具体的な学び方について話していきたいと思います。

　では、まずリスニングから。第１章でも、リスニングができないことには、コミュニケーションのとりようがない、ということをお話ししましたね。意味がわからないまま聴いていても何もしていないのと同じということをお伝えしました。

　英語学習者の皆さんからも「話すのは覚えたフレーズをつなげてなんとかなるけれど、相手の言っていることがわからないから会話が続かない」という声をよく聞きます。

　また、**英語学習のタイムパフォーマンス向上の点でも耳をポータルにすることは不可欠**です。

　「耳をポータルにする」とはどういうことか。これからリスニング以外にもその他の技能も学んでいくわけですが、そのどの学習においても、耳は情報の入り口、つまりポータルなのです。

　それぞれの章で詳しく方法を説明していきますが、リーディングや単語などもスマホなどのデバイスを使って耳から入れれば、はるかに効率良く身につきますし、インプット量が格段に増加します。ペンでカリカリ書いて、写して暗記して、という学生時代によくやった作業よりも、無数にある学習材料で、移動のちょっとした時間を利用して、耳から情報を入れ、学習時間を積み上げていったほうがトータルでは断然効

率がいいんです。

▶ どんな仕事も小分けにすれば、難しいことはない

　ヘンリー・フォードの言葉に "Nothing is particularly hard if you divide it into small jobs." **「どんな仕事も小分けにすれば、難しいことはない」** というものがあります。

　英語学習はまさにこれなんです。

　英語習得！　このとてつもなく大きな仕事のように見えることも、毎日ちょっとずつ小分けにすることで、着実に目標に近づくことができるんです。

　よし、家に帰ったらテキストを開いていざ英語の勉強！と思っても、家に着いたらお風呂、食事、家事などなど、やることはたくさんありますよね？

　では、通学や通勤などのちょっとした移動時間、買い物の道すがら、スキマ時間を利用するだけならどうでしょうか？　スマホに入っている教材を耳から聴くだけ。デバイスに防水加工が施されているなら、お風呂に浸かっている間でもいいですね。

　1回5分でも、10回学習すればもう50分になります。それが毎日になったら？　かなりの量のインプットになります。

　週に1回がっつり勉強するよりも、英語に触れる時間は長くなります。

　この、「英語に触れている時間の量」こそ、英語の習得に直結していると私は考えます。

英語はコミュニケーションツールですから、練習量に比例して使うのは上手になります。

　ただ単に聞き流すのはよくありませんが、しっかり英語の意味を理解しながら聞くのなら、英語に触れる時間は多いほどいいのです。

　ただし、聴き取れなければ、何もやっていないのと同じです。だから、ここでは聴こえるようになるための、リスニングの学習法について話していきます。

≪　Point　≫

■ 英文を写して暗記するだけではなく、スキマ時間などで「英語を聴く時間」を積み上げる

■ 英語の意味を理解しながら聴くのなら、英語に触れる時間は多いほどいい

▶ 日本語と英語の音声体系の違い

　最初に、日本語と英語の根本的な音の違いから説明させてください。そもそも日本語と英語は、**音の出し方がかなり違う**んです。だから、常に、日本語とは違う音なんだということを意識してください。

　私もそうでしたが、なんで日本人がリスニングが苦手かというと、日本語の「あいうえお」「かきくけこ」という音声体系に英語の音声体系を当てはめて、カタカナ化してしゃべっているからだと思います。

　コーヒー

　　ノート

　　チョコレート

　どれをとっても英語の実際の発音とはかけ離れているんです。なので、カタカナの音を期待して聴いてしまうと、こんな簡単な言葉さえ聴き取れなくなってしまう。リスニングすべてにおいてこれが起きているんだとしたら、その問題を無視しては、なかなか上達は難しいと言えるでしょう。

　どの国に生まれたとしても、その国の言葉を小さな頃から話していれば、その言葉のネイティブになるわけです。

　アメリカ人の子どもが日本で生まれ育ったら、日本語のネイティブになりますし、反対に日本人の子どもがアメリカで生まれ育てば完璧な英語を話すでしょう。そこに DNA や人種、骨格などの違いは関係ないと思います。

　リスニングを学ぶ際は、言語の違いをよく理解した上で、ネイティブの発音を学ぶことが重要です。そうやって少しずつインプットしていけば、きちんと聴こえるようになっていきます。

▶ 日本語は母音で終わるが、英語は子音で終わる

　日本語と英語では音の出し方が違うということについて具体的に話をしていきますね。

　たとえば先ほども例に出した

ノート note

ですが、

日本語の「ト」はアイウエオの「お」で終わります。

一方英語はトゥッのように、上口蓋《じょうこうがい》に舌を当てて、小さな音を出し、子音で終わります。だから、アメリカ人にノートと言ってもなかなか通じませんし、カタカナの「ノート」をイメージしたままではいつまでも「note」の音は聴こえてきません。自分が期待する音と、ネイティブの音にすれ違いが起こってしまうのです。

このように、日本語は母音で終わるのに対して、ほとんどの英単語は子音で終わり、その子音は大変弱く発音されたり、かすかにしか聞こえなかったりします。

子音に関しても、音の出し方がかなり違っています。たとえば、日本語のラリルレロと英語のRの音の出し方はかなり違います。英語のRの場合はゥラ、ゥリ、ゥル、ゥレ、ゥロと口を尖《とが》らせて小さな「う」が入る感じです。

▶ 日本人がリスニングが苦手なのは ある程度仕方ない？

この、まったく違った口の使い方をする二つの言語が出会ったのはつい最近のこと。ジョン万次郎が英語と日本語の橋渡しをしたのが、1800年代の半ばのこ

とです。万次郎がカタカナで英語の音を表記した記録も残っていますが、やはり英語にしかない音は表記できていません。

　時を経て、多くの英文学者たちが英語を研究したのですが、その頃はもちろんまだ「音声データ」というものをやりとりすることはできなかったので、文字という媒体で英語と日本語の「翻訳」を始めたわけです。その段階では英語の「音声」の仕組みについての学習はなかなか難しかったはずですから、なんとか日本語のカタカナに当てはめて、意味をとれるようにしていったのでしょう。

　そのため、音声的な違いが意識されるようになったのはごく最近のこと。音声がネットで簡単に手に入るようになったのも、この20年くらいのことです。**日本人にリスニングが苦手な人が多いというのは環境的に仕方のないこと**だったのかもしれません。

　英語と日本語はかくも違った音声体系を持った言語なので、どちらかの音声体系に当てはめて習得しようというのはまず無理な話なんです。

　たとえば、猫が「うぎゃー」って鳴いたら、「みゃお」とか「にゃー」とは書けないですよね。「うぎゃー」は「うぎゃー」ですよね。それと同じことで、アメリカ人が world って言ったら、

　　ワールド

　　ではなくて

　　world

なんです。

　今でこそ国際発音記号で表記することができるかもしれないですが、日本語で表記できないんですよ。

　でも皆さん、ご安心ください。皆さんの時代には「国際音声記号」もあるし、「音声データ」がそれはもう豊富にあります。ネイティブによる良質なものも安価に手に入れられます。ですから、まずはそういった「英語・日本語」の音声のそもそもの違いを理解してから、リスニング力を鍛えてきましょう。英語を聴いたときに、頭の中で日本語に直して、カタカナやローマ字に直したりしないようにしましょう。

▶ カタカナ読み・ローマ字読みのくせはつけない

　そんな私は何を隠そう、先述の通り英語学習はローマ字読みから入りました。ローマ字読みで音読を山のようにして、そしてリーディングの速度を極限まで高めて直読直解ができるようになりました。

　その甲斐あって大学入試を突破したのですが、その弊害があとになって襲いかかってきました。間違って覚えた発音を直すのは、最初から覚えるよりもはるかに大変です。受験の倍ぐらい勉強しないと英語耳に矯正することができなかったんです。これには、今でも苦しんでいるぐらいです。皆さんにはこのような思いをしてほしくない。この AI 時代に生まれた恩恵を十分に受けて学んでほしいのです。

　何事も「初めが肝心」。初めに**リスニングと発音を**

きちっとやることがとても大切なんです。あとから矯正するのは何倍も大変なので、**発音、リスニングに対しては最大の努力をしていただきたい**と思います。

> ≪ **Point** ≫
> ■ 英語と日本語では口の使い方がはっきり異なる
> ■ 英語を聴いたときに、頭の中でカタカナやローマ字に直したりしない

▶日本人のリスニング最大の壁

　英語との日本語の大きな違いは、母音と子音をどう組み合わせるかです。

　日本語は、子音と母音の組み合わせで一つの音の単位ができています。

　たとえば、「あいうえお」という母音があります。「くっ」という子音と、その「あいうえお」が組み合わされて「くあ」「くい」「くう」「くえ」「くお」、「かきくけこ」ができていくわけですね。たとえば「い・ぬ」にしても、「ね・こ」にしても、母音で単語が止まっているわけです。

　では英語はというと、dog ◀ も cat ◀ も**子音で止まってます。**そして、この最後の子音の発音は極めて弱く発音されて、母音がくっついてはっきり子音が聴こえる日本語の感覚でいると聴こえてこないんです。語尾の子音は聴こえないものだというくらいに思っておいたほうがよいで

しょう。

　さらに言うと、**英語は母音の種類が日本語よりも多いんです**。日本語では「あいうえお」の「あ」は一つしかありませんが、アメリカ英語でいうと、

[ɑ] [æ] [ʌ] [ə]

の４種類あるわけです。当然ながら英語ネイティブはこの４つを使い分けて話していますので、そのことを知らないまま、なんでもかんでもカタカナの「ア」に当てはめたり、なんとなく自分の感覚で聴き分けたりしていると、この区別はなかなか習得できないと思います。

　おそらく赤ちゃんや小さな子どもが、よく「イマージョン」と呼ばれる、英語の中にどっぷり浸かって長時間過ごす環境で学べば、母音の違いを意識しなくても自然に習得することができるでしょう。しかし、イマージョンの環境に身を置いている人は、そもそもこの講義を読んでいないでしょう。だから、皆さんは区別をしっかり理解した上で発音と聴覚を同時に少しずつ矯正していく必要があるのです。

　この講義は、英語の学習法の講義ですから、この違いをしっかり理解してください。まずは意識して発音を学び始めることが重要です。基本的な発音記号については252ページの「主な発音記号リスト」をご覧ください。

　話を戻します。母音で終わるか子音で終わるかとい

うのが、非常に大きな単語単位の違いです。試しに先ほどの note の t を弱く読んでみてください。それだけでぐっと英語っぽくなります。そんな、ちょっとしたことを少しずつ意識して、発音を直していけば、徐々に英語が聴こえるようになっていきます。

▶日本語にない「子音の連続」

　もう一つ、ちょっと日本人に苦手な発音をご紹介します。日本語の場合、子音の後ろに母音が必ずくるんですよね。英語の場合は必ずしも

　子音→母音→子音→母音→子音

　のように終わるわけではなくて、子音と子音が連続してる場合があります。

　たとえば、student ◀の頭の s のスの次にウは入らずに（ス）テューデン（ト）となります。

　もっとわかりやすいのが、

　try ◀

　です。日本だと「レッツトライ」のようにトライって言いますが、英語ではトライとは絶対に発音しなくて「トゥライ」。つまり「オ」が入りません。チュライに近い音として聞こえます。

　このように、単語を発声するときにはまず、**子音と母音の関係**をしっかり理解しておきましょう。理解できたら、個別の発音を紹介している本を使って勉強したり、発音アプリを使って練習したりすることです。練習あるのみで

す。

▶ 英語の曲者「音の連続・連結」に慣れよう

さらに、日本人にとってあまり慣れない英語音声の
特徴といえば、音の連結になります。

たとえば私の話し言葉をできるだけ正確に紙上再現
すると、「私が しゃべっているときは こんなふうに
話します」となります。音節の間に「空き」が入るの
です。

英語の場合には、

When I speak English, I sound like this. ◀

あえてカタカナで表すと

ウェナイスピー（ク）イングリッシュ

アイサウン（ド）ライ（ク）ディス

のような感じで、単語と単語は全部つなげて話され
るんです。日本語は、単語と単語を音節で区切って
「カクカク」しゃべる言語なんですけど、英語の場合
には、いくつかの単語が固まったチャンクの部分は全
部つながった音になるんです。

これがなんとも厄介であり、リスニング
の大きな壁になっていると思います。

　When I speak English という副詞節が終わるまでは全部一つの音になってしまうんです。日本語は、1文字ずつはっきり区切って話しますが、**英語の場合は、スペースを空けず、音がつながって、歌を歌うように話されます。**

　上がったり下がったりとよく言われるのですが、棒グラフのようにカクカクしないで、むしろ曲線グラフのように途切れさせずに滑らかに話すのです。

　文字の上では意味を取るために単語間にスペースがありますが、**話されるときには単語間のスペースがなくなる**と考えてください。

▶ 単語のスペースがなくなるだけでなく、つながる

　さて、単語間のスペースがなくなるときに、さらに面倒な現象が起こります。何が起こるかというと、**リエゾン**という現象です。リエゾンというのはひとことで言うと、「つながる」ということ。リンキングとも呼ばれますが、音がつながって違う音になる現象が起こります。スペースを超えて単語のおしりと頭がつながるんです。単語の末尾の子音、それから単語の先頭の母音、これがスペースを超えてつながるのです。

　たとえば look という単語と up という単語を続けて言ってみましょう。

　look up ◀

　look の k は子音字ですよね。子音で終わります。up の u は母音ですよね。便宜上カタカナで表すと、

43

この look と up がつながって、「ルックアップ」じゃなくて、「ルゥカァプ」という音になります。

　こういうことが頻繁に起こるということです。これがわかってないと、映画や会話で look up が出てくると、こんな簡単な言葉が瞬時に聴き取れなくなってしまうのです。

　次に、特にアメリカ英語で起こる現象になりますが、get と out がつながる場合に、t という音が、

　「ゲェダァゥトゥ」

　というふうに d に近い音に変化します。これを**有声音化**というんですけども、このように t の音が変化するということがあるわけです。こんなふうに、つながるときにさまざまな化学変化のようなことが起こってくるんです。

get out ◀ ゲダゥ
get in ◀ ゲディン
get on ◀ ゲドン

なんとも厄介ですが、一度慣れてしまえば、聞こえるようになります。ネイティブの音を耳にすり込んでしまい、自分でも発音できるようになり、さらに耳を強化しましょう。

▶音の脱落にも要注意！

　もう一つ手強いのが**音の脱落**です。話す人やシチュエーションにもよるのですが、ある条件が揃うと、あるはずの音が聞こえなくなる現象が起こるんです。

　子音がスペースを超えて連続する場合、連続する子音の片方がほとんど聞こえなくなるという現象です。

　たとえば、some more ◀はサムモアーとは言わずに、サモアーと聞こえます。m は二つあるはずなのに、聞こえてくるのは一つです。

　他の例も挙げていきますね。

　b、p、t、d、k、g

のような破裂音というタイプの音が連続するときにも、似たような子音字が連続する場合、前の子音字がほとんど聞こえなくなって、後ろの子音字の音に吸収されてしまうことがあります。

　next door ◀の t は d に吸収されてネクスドアーに聞こえます。

　他にも、him とか her などの代名詞において、先頭の h がほとんど聞こえなくなります。

　call him ◀は「コォーイム」というふうに h が消えて、call の l と h の後ろの i という母音が連結されて「コォーイム」という発音になることがあります。

　こういう音のつながりをまず理解しましょう。最初に押さえておけば、あとは実践で慣れていけるはずです。

```
╔══════════════════════════════╗
        ≪  Point  ≫
  ■ 英語では、単語と単語の間のスペースがなくな
    り、つながる
  ■ get と out がつながるときに t の音が変化するな
    ど、「有声音化」が起こる
  ■ 子音がスペースを超えて連続するとき、子音の
    片方がほとんど聞こえなくなる「音の脱落」が
    起こる
╚══════════════════════════════╝
```

▶「たくさん聞くと自然に聞こえるようになる」のか?

　なぜリスニングの講義なのに発音の話から入るのかというと、発音に気をつけて学習していないと、そもそも聴こえるようにはならないということなんです。call him を「コールヒム」と聞こえてくると思っていたのでは、「コーィム」と言われても理解できませんよね?　そんな単語あったっけ?って迷ってしまうかもしれません。

　「英語をたくさん聞いていれば自然に聞こえるようになる」なんてよく言われますが、これはすごく乱暴な学習法だと思います。

　これまで紹介したルールを知らずに英語のラジオを聴き続けたとしても、雑音にしか聴こえないでしょう。認識できない雑音を聴き続けたところで、ある日突然意味のある言葉として入ってくるはずはないんですよ

ね。

　私も大学１年生のときに、FEN、米軍極東放送網
というラジオ局を１カ月か２カ月つけっぱなしにして
いたんですけど、ほとんど聴き取れるようにはなりま
せんでした。FEN はその後、AFN、アメリカ軍放送
網に統合されましたね。

　ある程度、英語発声法のルールがわかってから聴く
と効果はあると思うのですが、ただ単に大量に聞けば
わかるようになるという主張は、あまり根拠がないよ
うに私は思います。

　まずは発音のルールを理解して、その言葉が音にな
ると実際どうなるかを理解する必要があります。

▶ pearlもmilkも聴き取るのは難しい

　たとえば pearl ◀りっていう言葉がありますよね。

　日本語では「真珠」ですよね。この pearl って言葉
の「p」という音は、日本の「パ」と違って強烈な破
裂音になります。そして pearl の母音は、日本人が
とっても苦手な【əːr】の音です。そして語尾の l は、
舌が上の歯の後ろにくっついたまま振り下ろされるこ
となく、不発に「ウッ」っという感じで発音されま
す。「あいうえお」の「う」のような音で終わり通称
「暗い L」と呼ばれるものです。

　pearl 一つとっても、聴き取れない人が多いんです。
子どものときから、英語に触れている人はいとも簡単
に聴き取れますけど、音を意識せずに勉強している人

47

はたとえ難関大学に合格した人でも全然聴き取れないんです。なぜでしょう？　答えは簡単、みんなカタカナの「パール」と発音していて、そう覚えてしまっているからです。子音にしても母音にしても、全部が違うから聴き取れない。

milk も実際は「ミルク」というよりも「ミゥク」です。でも「ミルク」って思い込んでいるとネイティブが発音したmilkが聴き取れないんです。

あなたが真珠のリングをしていたとしましょう、アメリカ人におもむろに

Oh, you've got a nice pearl ring.

などと言われたとき、got aのリエゾンと有声音化、niceやringの語尾の子音が弱く読まれ、pearlの発音やrの発音がわからないとちんぷんかんぷんですよね。逆にこれらを勉強していると、全部わからなかったとしても、わかる部分から推測もできるので、相手の言っていることは理解できます。

▶ ネイティブのように発音できなくても、リスニングはできるようになる？

今では、ネイティブによる発音は、音声付きのオンライン辞書でいくらでも聞けるので、その都度ネイティブ音や発音記号を確認するのをくせにしてしまいましょう。

「ネイティブみたいに発音できないと、ずっとリスニ

ングはできないままなの?」と心配する人もいますが、そんなこともありません。100%ネイティブと同じ発音ができるようにならなくても、ネイティブの発音を聴きながら自分なりに発音練習をして、ネイティブに近い発音を目指していれば、ネイティブの投げてくる球は捕れるようになります。**ネイティブ発音を目指して**やっていくと、近いところまでくる球が取れやすくなる。遠すぎると全然取れないから、少しでも近づけて、捕れる球を増やしましょう、ということなんです。

≪ **Point** ≫

■ 認識できない雑音を聴き続けても、英語を聴き取れるようにはならない

■ 音声付きのオンライン辞書などで、ネイティブの発音を確認するくせをつける

▶ どうしても「紙と鉛筆」で リスニングを勉強したい人は

　では、具体的にどのようにリスニングの勉強を始めればいいのか?ということですが、これまでも触れてきたように、リスニングを身につけるためにはまずアプリなどを用いて発音のルールを身につけることが重要です。この発音の勉強法は、次の「スピーキング」の章で紹介しようと思います。

　ここでは、どうしても「紙と鉛筆」でリスニングを勉強したい!という方のために、古き良き「ディク

テーション」のやり方をご紹介しておきます。

1 紙と鉛筆を準備する

2 スマホなどの再生機器を準備する

3 ニュースの英語など、スクリプト、すなわち音声が
　テキスト化されたものがついている教材を準備する

4 音源を再生して、聴こえてくる音を紙に書いていく

5 書き終えたあとに、スクリプトと照合して間違った
　ところを赤で直していく

6 直したあとに音源を止めながら、発音を何回も繰り
　返し練習する

7 最後の仕上げに紙の辞書を調べて、発音記号を書く
　などして、どういう発音現象が起こっているかを確
　認する

　私は学生時代にこんなことを1時間近くかけてやっ
ていましたが、今は同じことがアプリで短時間で手軽
にできるようになったわけですから、使わない手はあ
りませんよね。

　さて、馴染みのない英語の音声に、少しずつ慣れて
きたら、次の段階へ移ります。

▶英語は日本語に訳して理解するものではない

　なんとかネイティブの発声方法に慣れてきたら、こ
のあと、今度は単語単位ではなく、ある程度まとまっ
たカタマリ、つまり「パッセージ単位」で耳に入れて
いく訓練をしていきます。最初は100語くらいの英語

から始めてだんだん長くしていきましょう。英検や
TOEIC のような試験の問題を使って勉強するのもよ
いでしょう。

　パッセージ単位の英文を耳で理解するために皆さん
が知っておかなければならないのは、**英語は日本語に
訳して理解するものではない**ということです。

　え？　同時通訳の人は瞬時に日本語に訳してるん
じゃないの？と驚く方もいるのかもしれませんが、同
時通訳のように英語を理解することは私たちにはでき
ません。なぜかというと、「同時通訳」というのは、
特殊技能であって、日常会話で行われるものではない
んです。

　同時通訳者の頭の中は……。

　まず英語を英語のまま理解します。apple は apple
です。日常会話ではこれ以上のことはやらなくていい
し、ここがゴールなんです。

　ただ、同時通訳者は、英語を英語のまま理解したも
のを、さらに瞬時に日本語に変換するという離れ技を
やってのけているんです。

　英語→日本語

　ではなくて、

　英語→英語で理解→日本語らしく翻訳

　という感じです。

　この技を習得するのは相当な訓練が必要ですし、普
通に生活する上では必要ないんです。英語をそのまま
理解することをゴールにすれば OK です。

▶直読直解を目指す——カタマリで練習

　特にリスニング・リーディングに関しては、**英語を英語のまま理解する、いわゆる直読直解**ということができるようにならないと、聴いてわかるようにはなりません。

　直読直解とは、別の言い方をすると、

「頭の中の日本語を消す」

という作業なんです。

　たとえばですね、snail っていう単語が出てきたときに、snail をいちいち「カタツムリ」とか日本語に訳して「あ、カタツムリか」なんてやっていると、もう英語の流れには絶対に乗れないんです。だから英語でスムーズにコミュニケーションをするには、「直読直解」つまり**最初から英語を英語のまま理解するという訓練をするのがベスト**です。

　直読直解の訓練は、発音の練習と同時並行でやっていくのが一番効果的だと私は思います。英語を話す、すなわち「口を動かす」ことで脳という CPU のかなりの領域を費やしているわけで、CPU の残りの領域でリスニングをしようとすると、「日本語に訳す」というタスクはもう入る余地がないんです。直読直解をしないと処理しきれません。裏を返せば、

　耳で聴いて口を動かしながら英語を理解する

ということが、直読直解の最高の訓練になるわけです。

▶直読直解の訓練方法——リピーティング

では具体的な方法を説明していきますね。英文がチャンクごとにリピートポーズで分けてつくられている教材がたくさんあるので、そういった素材を使って**リピーティング、つまり聴いた英文を話す**という練習をしていきます。

リピートポーズのあとに発話できるタイミングが入っているので、その空白の合間にリピートします。

英語を聴いて、自分でリピート、また英文を聴いてリピート。これを繰り返しやっていきます。後述する「シャドーイング」や「オーバーラッピング」にはまだついていけない、という人でもこの方法なら無理なく練習できるはずです。

これだけです。これがリピーティングというやり方になります。英語のリズムにも慣れるいい練習になりますので、ぜひ気軽にやってみてください。

日本語に訳さないで、**英語のまま理解することを意識して練習**していきましょう。最初のうちは日本語に訳しながらでも構いませんが、その都度日本語に訳しながらやっているとリスニングの向上や速読につながっていかないので、あくまでもゴールは直読直解であるということを意識しましょう。

リピーティングの際、気をつけるポイントを以下に挙げます。

ポイント1　モノマネする

　英語は日本語とはまったく違う音ですので、まるで**動物の鳴き声をまねするような気持ちで、聴こえた通りにまねするようにしてください**。「声帯模写」をするような感覚でやってみるのがいいと思います。

ポイント2　英文の流れを意識する

　チャンクごとに、**左から右に、英語の流れのまま理解していきましょう**。そのあたりを意識するだけでもまったく違うので、ぜひ気をつけてやっていきましょう。

　最初は文字を見ながらでも OK ですが、最終的には文字を見ないでリピートして、リピートしながら意味がわかるようになっていきましょう。文字を見ないでリピートできるようになれば、「散歩しながら」「寝転がってベッドの上で」「お風呂に入りながら」などさまざまな時間に英語を勉強することができるようになり、学習効率がぐっと上がります。これはぜひ根気よくやっていただきたいと思います。

≪ Point ≫

- リスニングでは英語のまま理解することを目指す。apple はリンゴではなく apple
- 直読直解の訓練は、発音の練習と同時並行で行う。具体的には、聴いた英文を話すリピーティングで訓練する

▶動画を使った学習法

　では、最後に動画を使った学習法についてもお話しします。YouTube などの動画配信サービスや、Netflix や Disney+ のような映画やドラマを配信するサービスをフル活用していきましょう。

　一つだけ注意をしておかなければならないのは、映画やドラマを使った学習というのは、そもそもある程度の英語力がないと難しいのです。英検なら、だいたい２級〜準１級ぐらいの力があれば、Netflix や Disney+ を使った学習というのは非常に効果的です。

　一方で初学者が動画での英語学習に取り組むと、実際に話されている「生の英語」、つまり初心者に理解させることが目的の英語ではないため、いきなりハードルが上がってしまって、モチベーションの喪失にもつながりかねません。

　そこは自分のレベルとの相談の上で始めましょう。

▶中級者へのおすすめの動画勉強法

　中級者の方は以下の手順でやっていくと、理解しやすくなります。最初は場面を絞ってやると集中力が続くのでおすすめです。

　Step 1・日本語の吹き替えでひと通り観る

　Step 2・次に日本語の字幕で観る
　どの場面で、誰が、どんなことを言うのか、セリフ

をおおむねインプットする

Step 3・英語の字幕で観る
英語を理解する

Step 4・英語の字幕を消して観る
わからないところは英語の字幕を出して確認する

　Step 4が非常に大切です。英語字幕を出して鑑賞すると、字幕を先に見てしまうのでリスニングの勉強になりません。もちろん速読の練習になりますが。最終的に、字幕を見ないで聞こえることがリスニングの到達目標だということを忘れずに。

▶ おすすめ動画コンテンツ

　リスニング全般に向けておすすめできる動画のジャンルは、「家族向けのほのぼのコメディ」です。ファミリー向けのものは乱暴なスラングなども出てきませんし、言葉遣いも適切なので、英語学習者にはとても向いています。また、世界的なヒット作はさまざまなバックグラウンドの人が観てもわかるように制作されているので、専門用語も少なく、比較的理解しやすいと思います。

　日本や韓国のアニメの英語版なども、馴染み深いコンテンツなのでいいかもしれません。英語音声、英語字幕、日本語字幕が出ますので、自分のレベルに合わ

せて活用していきましょう。

《 **Point** 》

■ 動画による英語学習は中級者以上から。①日本語の吹き替えでひと通り観る→②日本語の字幕で観る→③英語の字幕で観る→④英語の字幕を消して観る

■ 言葉遣いが適切で、比較的理解しやすい「家族向けほのぼのコメディ」がおすすめ

▶『バック・トゥ・ザ・フューチャー』でリスニングを身につけた

　ちなみに私も、「家族向けほのぼのコメディ」ではありませんでしたが、『バック・トゥ・ザ・フューチャー』の VHS ビデオは擦り切れるほど使い込んでリスニングの訓練を行いました。

　そのとき繰り返し行った勉強法をご紹介します。とても原始的でシンプルな方法ですが、極めて効果的だったので、紹介しておきます。

　用意するものは以下の三つ。

・映画のビデオ

・台本

・辞書

映画を再生するときに、画面の字幕の出る場所に段ボールを貼り、ガムテープで上だけ止めます。そして、わからないセリフがあったときだけ画面を止めて段ボールをめくって字幕の日本語を確認するのです。

1. 再生する
2. 字幕なしで英語を聴き取る
3. 聴き取れなかったセリフのところでビデオを止める
4. 段ボールをめくって字幕の日本語を確認する
5. 台本の該当箇所にマーカーを引く
6. 辞書で意味を調べて台本に書き込む

　今なら、Netflix や Disney ＋の多言語字幕を使えば、リモコンで簡単にできることですが、このかなりアナログなやり方を、セリフがほぼ聴こえるようになるまで繰り返していました。こんなシンプルなやり方で、回を重ねるごとに英語が聴こえるようになってきたんです！

▶ 自分の弱点を確認するのを忘れない

　この章でお話しした「リエゾン」「有声音化」「音の脱落」といったものを押さえておけば、なぜその音になるかが理解できるので、何を言っているか、徐々にわかるようになってきます。
　そうなると、私の場合は相乗効果で大学の英語の講

義もわかり始め、ようやくですがリスニング向上に向けて拍車がかかっていきました。

　1年ほど続けた結果、TOEFL や TOEIC といったテストでは、高得点を獲得していました。特別な勉強方法をしたわけでも、高額な教材を使ったわけでもありません。

「英語を聴く、意味を調べる、発音の仕組みを確認する」

　これを繰り返しただけです。

　自分の弱点ポイントを確認するのを忘れないようにしましょう。人によって聴き取りづらい音も違うので、聴けない部分に着目して勉強するのも大切です。私の場合は l と r や b と v の聴き取りに関しては、苦手でしたし、今でも苦労することがあります。

《 Point 》

■やはり「リエゾン」「有声音化」「音の脱落」といったものを押さえておくことが大事

■「英語を聴く、意味を調べる、発音の仕組みを確認する」を繰り返す。自分の弱点を確認するのを忘れずに

世界を変えた偉人の名言から学ぶ英語①

自身の情熱や理念で、生涯を切り開いてきた偉人たち。その言葉には重みと学びがあります。偉人たちの足跡を英語の名言と共に辿（たど）ってみましょう。英語の名言は最高の学習素材です。心に響いた言葉はそう忘れるものではありません。単語や文法を学びながら、英語の世界を楽しみましょう。

アルベルト・アインシュタインの名言

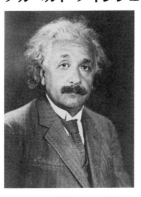

ドイツ出身の理論物理学者アルベルト・アインシュタイン（Albert Einstein 1879-1955）は、相対性理論 Theory of relativity の提唱で物理学に革命を起こした人物として知られています。1921年には光電効果の発見でノーベル物理学賞を受賞。ナチスの迫害から逃れるために 1933 年に渡米し、原子爆弾の開発に関与したものの、戦後、核兵器の廃絶や戦争の根絶、科学技術の平和利用を訴えました。

Education is **what** remains after one has forgotten **what** one has learned in school. ◀
学校で習ったことを忘れたあと、まだ身についているものが教育である。

この文のポイントは、関係代名詞の what です。what というと「何」という疑問詞のイメージが強いですね。でも、これは「こと」「もの」という意味で解釈することがあるのです。この文でも、二つの what は、そのように使われています。what remains は「残るもの」、what one has learned は「学んだこと」と解釈するわけですね。

アインシュタインは、形式的・網羅的な学校教育より、自らの探求を重視していたことがこの英文からわかりますね。この AI の時代になって、ますます学校現場でも探求の重要性が増しています。やっぱり勉強は意欲によって突き動かされるべきですね。

Try **not** to become a man of success, **but** rather try to become a man of value. ◀
成功者になることを目指すのではなく、価値ある人間になることを目指せ。

この文では、「成功者」という意味の a man of success と、「価値ある人」という意味の a man of

61

value が対比的に使われています。アインシュタイン
が人生において目指していたものは、単なる名声では
なく、人類にとって価値ある仕事をすることだという
のがわかります。この文のように not と but を組み合
わせると、「A ではなくて B」のように、前のものを
否定して、後ろにくるものを強調することができるわ
けですね。

The value of a man should be seen in **what** he gives
and not in **what** he is able to receive. 🔊
人の価値は、その人が受け取れるものではなく、与え
るものから、判断するべきである。

should の後ろの部分は、be 動詞＋過去分詞形になっ
ていますが、これは受動態で「〜される」という意味
になります。直訳すると「人間の価値は見られるべき
である」という意味になりますね。そのあとの部分で
は「〜するもの」という意味の what、つまり関係代
名詞の what が使われています。what he gives は「彼
が与えるもの」、what he is able to receive は「彼が受
け取ることができるもの」という意味になるわけです
ね。これは深い言葉ですね。人生の喜びや社会での価
値は、受け取ることではなく、与えることから手に入
ることを伝えています。たしかに、私たちは、社会に
貢献しているという感覚から日々の充足感を得ること
ができますよね。

Anyone **who has never made a mistake** has never tried anything new. ◀

一度も失敗をしたことがない人は、新しいことに何一つ挑戦したことがない人である。

アインシュタインの研究に向き合う姿勢がわかる名言です。この文をすんなり理解するためには、主語の直後の後置修飾部分をスムーズに理解することが大切です。日本語では、修飾部分は名詞前に置かれますが、英語では名詞の後ろで修飾します。そんなときに使われるのが、who のような関係代名詞です。この文では、主語の anyone を who has never made a mistake の部分が修飾しているわけですね。このように、主語に修飾部分が続く場合は、その修飾部分の後ろで、一拍おいて読むとよいでしょう。

私たちは、ちょっとした間違いにひるんでしまったり、長く悩んでしまったりすることがありますよね。きっとアインシュタインにも間違いはあったのでしょう。でも、だからこそ彼は偉大な人物になれたとも言えるのです。間違いこそが、新しいことに挑戦を続けている証拠なのです。だから、皆さんも間違いにひるむことなく、前向きに人生に立ち向かっていきましょう。

Life **is like** riding a bicycle. To keep your balance, you must **keep moving**. ◀

人生は自転車に乗るようなもの。バランスを保つため

には、進み続けないといけない。

最初の文でのポイントは like という単語です。like は
「〜を好む」という動詞としての用法に加えて、前置
詞としても使われます。その場合は「〜のような」と
いう意味になり、be like 〜という形で「〜のようで
ある」という意味になります。次の文の文頭の to 不
定詞は副詞のような働きをして、「〜するために」と
いう意味で、続く文の目的を表しています。keep 〜
ing は「〜し続ける」という意味ですね。人生を進め
るためには、走り続けることが大切だということです
ね。たしかに、止まって何もしないとストレスがたま
ることがよくあります。仕事のバランスであれ、人生
のバランスであれ、走り続けることによって最高の
状態に保つことができるわけです。勉強だって同じ。
迷ったら走りましょう。

第3章

感動するほど
話せるようになる
スピーキング学習法

話すためのマインドセットとは

▶とりあえずしゃべってみること

次にスピーキングの学習方法をご紹介していきます。スピーキングでも、とにかく大切になってくるのがマインドセットです。

またマインドセットか、と思われたかもしれませんが、スピーキング力を上げるには、**マインドセットがまず一番**で、その次に実際のやりとりの練習が続きます。そしてプレゼンなど誰かに対して「発表する」ことも練習します。

英語の領域は、

「読む、聴く、書く、話す」

に分かれます。この中の「話す」の領域はさらに「やりとり」と「発表」に分かれます。また「描写」の力も重要です。そのあたりもふまえた上でお話していきます。

第1章で、「アメリカに行ったらペラペラになるか?」の答えはYesでもNoでもあると述べました。

Yesである理由は、日本人の英語学習者が感じている「壁」をぶっ壊すことができたことです。

その大きな壁とは

「とりあえずしゃべってみること」

——え?　それだけ?

って思ったかもしれません。

わかります。でもこの「**とりあえずしゃべってみること**」を実践するかしないかによって、**英語スピーキ**

ングの今後の上達に驚くほどの差が生まれるんです。

▶PDCAサイクルの実行

　では、スピーキングがうまくなるためにはどうすればよいのでしょう？　それは、PDCA サイクルを回すことです。

　準備したこと、つまり plan は、すぐに do、やってみて、やったら振り返って検証、これが check ですね。もし良くない点などあれば、それを改善してもう1回やってみる。act です。

　具体的には、準備として初めに一定の表現を覚えてから発音、リスニングの勉強をします。ある程度、勉強したら、すぐに do、やってみるんです。オンラインレッスンなどでぜひ試してみてください。

　試しに実際に話してみると、絶対に間違います。それはごく当たり前のことなのです。ネイティブではない私たちにとって、間違わずに英語を話すなんて、不可能なんです。そこはもう諦めてとにかく話すことで、たくさん間違える。**間違えるということはイコール「直す場所がわかる」**ことです。つまり、話せば話すほど自分の改善点が浮き彫りにされますし、反対に話さない＝間違えないと自分の弱点は永遠にわからないままです。

　間違えることよりも、自分の弱点がわからないほうが、よほど怖いことなんです。

▶Pで止まっている暇はない

　PDCA を繰り返して、間違ったら直す、直したら直したことを踏まえて、またやってみる。

　この繰り返しが、スピーキングには非常に重要です。

　自分も含めて多くの**日本人が陥りがちなのは、準備で止まる**ということです。特にスピーキングに関しては。

　「PPPP 無限列車」みたいになっているわけです。永遠に P だけで止まってしまう。だからいつまでも思い切って英語を話すことができないんです。

　水泳やスキー教室に行っても、怪我が怖くて準備運動ばかりで終わっちゃう、そんな感じです。

　ある程度の準備運動が済んだら、すぐにスタート地点に立ってスタートしてしまうことです。20 年以上も、ずっと P で止まっている人も結構いらっしゃいます。中学から 10 年も 20 年も勉強して、社会人になってもまだ本を買ったりしてるというのに、

　「スピーキングはまだ早い」とか、

　「オンライン英会話は怖くてできない」

　とか言って、do、実行に踏み出せない人がたくさんいるんです。1 週間や 10 日ぐらいしか勉強してない人ならまだわかりますが、長年勉強しているならもう do しないとダメなんです！

　「実力がない」のではなく「実践しないこと」こそが、英語が話せない根本的な原因であることをわかっ

てほしいのです。

　結局話さないことが話せない原因なんです。もう
Pは十分です。すぐにDに行ってください。中学1
年生の英語を多少でも覚えているならもうDからの
DCAPサイクルでいいと思います。

▶ ネイティブレベルの英語は非現実的

　ネットの広告などで、

「ネイティブみたいに話せるようになる」

　とか、

「ネイティブの英語力」

　と謳っているのをよく見かけます。

　1日の時間のほとんどを英語学習に費やせるような
人は、何年も続けていればネイティブ並みに話せるよ
うになるかもしれませんが、普通の人にそれは無理な
話なんです。無理というよりも、多くの人にとって
は**「ネイティブ並みに話す」必要がないんです。**ネイ
ティブの発音をお手本にして、リスニングを学び、発
音練習をすることは重要ですが、100％ネイティブ並
みに話せるようになることは普通の人には難しいのだ
ということを知っておいてください。もちろん、何十
年も勉強している私も無理です。

　私に関しては、英語の資格試験では満点が取れた
り、スピーキングテストでも「ネイティブに近い」と
いった評価はされますが、実際に私の話す英語はまっ
たくネイティブレベルではありません。それでも、世

界で仕事をするときには困ることはありません。

《 Point 》

- たくさん間違えることで、自分の弱点を把握することが大切
- 「話さない」から話せなくなる。PDCA サイクル、つまり準備し、話して、間違いをチェックし、改善してまたやってみるというサイクルを止めないようにしよう
- ネイティブ並みに話せるようになるのはとても難しいこと。私も無理です

▶ やりとりのコツ
──使う場面を想定してフレーズ暗記

　マインドセットの話はここまでにして、「やりとり」のお話に入っていきましょう。まずは、**フレーズを一定量に限って覚える**ことが非常に重要です。

　やり方としてはズバリ、**一定の会話表現の文例を丸ごと暗記**してしまいましょう。

　暗記かぁ〜と思われたかもしれませんが、闇雲に莫大(ばく)(だい)な量を暗記しようとするのではなく、**自分が実際に使いそうなフレーズをパッケージで暗記するというイメージ**です。あとはそのフレーズの中のパーツを入れ替えて、たくさん使い回すことで身についていきます。

　たとえば、通信トラブル等が起こったときは、これらの表現が一瞬で出てくるように練習しておきましょう。

1．My connection seems unstable. Please bear with me.
2．Can you see my screen? It looks frozen on my end.
3．My video doesn't seem to be working. Let me try reconnecting.
4．I apologize for the technical difficulties.
5．Sorry, I missed the last part. Could you please go over that again?

▶ オンライン英会話で実践あるのみ

　皆さんが**スピーキングを実践できる最も手軽な方法はオンライン英会話**ではないでしょうか？

　他にも英会話スクールなどいろいろありますが、やはりオンラインが手軽ですぐに始められるハードルの低い実践方法だと思います。

　オンライン英会話においても、

"How's it going?"

"I'm OK. How about yourself?"

"Can you hear me?"

"The connection is very bad today. So I am going to reboot my computer."

など、**よく使う一連の「鉄板の表現」があるので**、それを前もって暗記しておきます。それをルーティンで使い回すようにしましょう。自分の「お決まりフレーズ」とも言えるルーティン表現はそのまま暗記して、**スラスラとスムーズに言えるようにすると、やがて自分の体に染み付いて自然と出てくるようになるはずです。たとえば、私の場合は**

Hi! Nice to meet you. I hope you're doing well. I just wanted to check if you can hear and see me clearly before we start. Thank you so much for taking the time to talk with me today.

　などと言って始めますが、このような鉄板表現も、最初は丸暗記だったとしても、部分的にアレンジしながら、何度も使ううちに、徐々に自分の言葉に変わっていきます。

　たとえば、自己紹介や、自分の趣味の話など、何パターンかを日本語でもいいので書き出し、DeepL などの機械翻訳や Grammarly などを活用して準備しておき、いつでもポンと出てくるようにしておきましょう。

　そうしておけば、「何を話そう」「会話のネタに困らないかな」といった不安がなくなり、緊張しなくなるでしょう。

▶使える表現をストックする

　たとえば初対面の人と話すことについて言えば、

「大学では○○を勉強している。それは……」

「大学は○○という場所にある。そこには……」

　とか、

「趣味は○○です。休日には……」

「週末は○○しました。その際には……」

　のような感じですよね？

　オンラインでの実践を何度も繰り返せば、レッスン以外の実際の場面で、誰かをいきなり紹介されたとしても、定番フレーズを引き出しから引っ張り出して話せばいいんです。

　あとはやりとりの経験をどんどん積んでいきましょう。たくさんの人とやりとりし、

「この表現、みんな使うな」

　とか、

「この言い方だと、いつも伝わりづらいな」

　など、気づいたことをストックしていけば、次のオンラインレッスンで生かしていけます。

　この繰り返しです。繰り返すことでどんどん実践的なものに磨かれていきます。オンラインレッスンなら、パソコンが立ち上がっている状態ですから、どうしても言えないことは、ネットですぐに調べることもできるので、気負わずにトライすることができます。

　どうでしょう？　これならグッとハードル下がりま

せんか？ ある程度を暗記しておいて、あとは相手とのやり取りの中から学ぶのです。

聞かれたらパッと返す、この会話のラリーがいずれ自然にできるようになり、そのラリーも自然と長くなっていくはずです。

あとは、経験を積み、使えるフレーズを増やしていきましょう。

《 Point 》

■オンライン英会話では、よく使う「鉄板の表現」を前もって暗記しておく
■「使える表現」や「伝わりづらい表現」など、気づいたことをストックする

▶間違って直して覚える

各社、オンライン英会話のサイトには、会話表現を収録した便利な教材も提供されています。また、場面別の英会話を収録した本もたくさん出版されています。それらを、レッスンの間に、とにかく聴き込んで、覚えて、使って、**間違って直す。**

このサイクルを繰り返しましょう。

先ほどの話しにも通じますが、間違った数だけ上達します。なぜなら間違った＝直すことができるからです。

それが本当の「生きた会話」だと思います。

たくさん間違って、たくさん直して体で覚える。

　ただそれだけの単純な仕組みなんです。言葉ですからね。

　その背後で発音やリスニングの勉強をしっかりしていけば、相手の言っていることもどんどんわかるようになりますし、こちらの発音も通じるようになって、会話がスムーズに運ぶという良い流れができますね。こうなれば、もう「英語をモノにした」ということなんです！

　私の場合は、何十年も前の受験生のときにカタカナ読みで音読していた影響がまだ残っていて、たまにネイティブから、母音の発音を指摘してもらえることがあります。たとえば、capacity という単語は「収容能力」という意味ですが、よく日本語で「キャパ」と言います。これにつられて、長い間「キャパシティ」と呼んでいたのですが、英語では kəˈpæs.ɪ.ti で最初の母音の発音が日本語のカタカナと異なっています。このような長年の間違いには、実践を通じてでしか、なかなか気がつきません。

▶ スピーキングで英語学習を牽引する

　スピーキングは、経験と場数で決まる技能なので、それを確保するためにはオンラインが一番だということはわかっていただけたと思います。

　オンライン英会話を毎日１回、無理ならば週に２〜３回でもすることによって、**英語学習がスピーキング・ドリブンつまり、スピーキングで牽引して英語の**

学習をする形ができます。

　どういうことかというと、オンライン英会話をやるたびに

「ちょっと文法のここが弱い」

「この分野の語彙力が足りない」

「次までにこの情報を集めておこう」

「聴き取れない箇所はスクリプトに書いてもらおう」

　のように、「間違って直す」の過程の中ではすべての技能が関係してきます。

　語彙／文法／リーディングなどすべての技能の習得が、毎日１回あるいは週２〜３回のスピーキングを行うことで、自然なサイクルで進めることができます。ただ語彙を覚える、文法を学ぶと言っても、どこをどうやって？と悩んでしまいますが、オンラインレッスンに向けて「この話題でレッスンをしたいからこの分野の語彙を鍛えておこう」など、何が必要かが明確になります。

　たとえば、オンライン英会話では、リーディングをたくさん行うレッスンもあるので、その中では語彙も文法も幅広く登場します。同時に相手の発言を聴くためのリスニング力も必要になってきますし、英語４技能すべてを駆使して行われます。

　スピーキングは他の３技能と別ものと捉えられがちですが、実は**スピーキングこそすべての技の結晶体**とも言えます。このように、スピーキングの実践を重ね

ることで全技能の総動員というドライブが生まれます。それこそが英語学習にスピーキングを取り入れる意義だと思います。

≪ Point ≫

■たくさん間違えて、たくさん直して、体で覚える

■オンライン会話で、スピーキングだけではなく、語彙や文法、リーディングを身につけることもできる

▶ 初心者はノンネイティブ講師がおすすめ

オンライン英会話の話し相手を選ぶ際、初心者の方におすすめなのが、「ノンネイティブ」の講師です。

英会話スクール選びでよく「ネイティブの講師」にこだわって探す方がいらっしゃるのですが、ノンネイティブの講師も選択肢に入れてみましょう。なぜなら、ノンネイティブ講師は、本人たちも英語学習で苦労した経験があるため、どういう順番で身につけていけるかをきちんと把握していることが多いからです。もともとネイティブなわけではないからこそ、確率的に教え方がネイティブの方よりも丁寧で上手な人が多いと思います。

オンラインに登録しているネイティブ講師は、プロ教師もいるのですが、そうでない場合も多い。本業は、カメラマン、シェフ、トラック運転手などをされていて、副業でオンライン講師の仕事をしている方も

多くいらっしゃいます。いわば講師としてのキャリアが浅く、英語がある程度話せる人とは、喜んで話してくれるのですが、ちょっと初心者で、簡単なことでも聴き取れなかったりすると、うまく対応できないことも多いです。

　もちろん全員ではなくて、熱意があって優しい先生もいらっしゃいますが、相対的に見てノンネイティブの先生のほうが、丁寧に教えてくれる人が多いと思われます。

　ネイティブの先生にいきなりナチュラルスピードで話されて自信を喪失しないためにも、最初はノンネイティブの先生から挑戦してみるのもいいと思います。

　自信がついてきたら、ぜひスキルチェックも兼ねてネイティブのナチュラルスピードにもトライしていきましょう。そこで通じなくても悲観することはありません。「間違えて直す」。それを繰り返せばいいんです。

　会話に限ったことではありませんが、いきなりハードルを上げるのではなく、まずはできることからコツコツと習慣化してやり続けることが大切です。オンラインという身近なツールを継続して活用し、会話力を上げましょう。

> ≪ **Point** ≫
> ■ オンライン英会話を、日常のルーティンにしてし
> 　まう
> ■ 初心者には、英語学習に苦労した経験を持つ、
> 　ノンネイティブの先生がおすすめ

▶ 言葉と同じく大切なこと
──相手の文化的な背景を知る

　そして、ルーティン化と共にやり取りにおいて大事
なのが、コミュケーションを取る相手との**文化的な違
いを理解する**ということです。

　AI時代において、英語以上に大切なのは、**人間同
士の理解と交流や絆を強める力**です。問題を解決した
り、人と人との関係を調停したりする技能が大事なん
です。そのときに文化の相対性が理解できていないと
非常に厳しいでしょう。

　たとえば、海外のオンライン講師は、アメリカ人、
イギリス人、フィリピン人、ルーマニア人、インド人
など実にさまざまです。当然それぞれの文化的背景を
持っています。

　宗教一つとってみても、キリスト教、イスラム教、
仏教、ヒンズー教、ユダヤ教など多岐にわたっていま
す。ここで重要なのは、相手の文化をきちんと理解
し、その文化を尊重する力なのです。**そこで失敗して
しまう日本人が多いのも事実**なんです。

　日本は戦後急成長した島国で、海に囲まれた島国ゆ

えに、異文化経験をした人が多くない。外国に住んだ経験もなく、日本人に囲まれた中で生活をして、宗教などに対する価値観もほぼ同じ感覚の人たちの中で育つ人がほとんどと思います。

そういう環境の中で戦後、「GDP世界第2位」まで到達したという成功体験を持っています。

今、日本も国としては成熟して、今度は徐々に縮小するフェーズに入ってきています。かつては世界第2位のGDPだった国が、中国に抜かれ、さらに一人当たりGDPでは韓国や台湾に追い抜かれようとしています。

それは、成熟国家、高齢化国家として、むしろ自然なことなのですが、そこで起こるのが自信の喪失です。その裏返しとして、

「日本はすごい国だ」

「世界の人たちは日本に憧れている」

といったような文言がメディアに踊っています。もちろん自国に自信を持つということが悪いわけではありませんし、大切なことですが、それを海外の人との交流の中で表に出すと、コミュニケーションがギクシャクすることがあります。

▶「日本が文化的・技術的に優れている」という意識は大きな違和感を生む

ちょっとショックな話かもしれませんが、アメリカ人の中で、日本をすごいと思っている人はそんなに多

くありません。日本のメディアがごく一部の熱狂的な日本好きに焦点を当てることで、さも「日本神話」のように、日本に憧れているアメリカ人がたくさんいる、と思い込んでしまうのですが、実は「日本のことはあまりよく知らない」「意識していない」という人が大半だと思います。ですから、アメリカで

"In Japan we…"

"Japan is…"

と「皆さんご存じのように、日本では……」というスタンスだとちょっと認識のギャップが生まれます。「日本が文化的・技術的に優れている」という意識で話を進めるとかなり違和感を与えてしまう可能性が高いです。オンライン英会話では、そういった文化面で相手を尊重する力を経験から身につけることができます。

▶ 通じるか通じないかは話す姿勢にあり

最後にもう一つ気をつけてもらいたい注意ポイントがあります。

日本人は原稿を単に読み上げたり、俯いてしまったり、表情がないしゃべり方をしがちです。表情がないと気持ちが伝わりづらくなってしまいますし、俯いて小さな声で話すことで、相手が「聞きづらい」という問題も生じます。

裏を返せば、大きめの声で話したり、表情豊かに話すだけでグッと言いたいことが通じやすくなります。

それこそちょっとした文法や単語の間違いなども、感情をきちんと込めさえすれば相手に伝わってしまうものです。

どういった話し方が自然か、より通じやすくなるか、といったことは、オンライン講師をお手本にどんどんまねして取り入れていきましょう。あいづちのタイミングなども、相手とのやり取りがあってこそ感覚がつかめるので、スムーズに会話を運ぶようになるためのコツを相手から盗んでいきましょう。

```
≪ Point ≫
■相手の文化を尊重する気持ちを常に忘れない。
  油断すると「上から目線」になってしまう
■大きめの声で話したり、表情豊かに話すだけで
  グッと伝わりやすくなる
```

▶ 日本語に存在しない母音の音

ここからはより具体的に、スピーキングの練習のコツを述べていきたいと思います。

まずは、日本語と英語の違いについて。第2章「リスニング」の章で、英語の母音は日本語の母音よりも数が多いと説明しました。その中には、日本語とはかけ離れたタイプの母音もあります。

たとえば、長母音と言われる伸ばすタイプの母音です。記号では

【əːr】◀

で、日本人が最も苦手とする world ◀️とか bird ◀️に入っている音です。

この母音がなにか恥ずかしくて言えない人が多いんですけれども、これは恥ずかしくてもちゃんと、舌の先を口の中のどこにもつけないで、少し上げ気味にして、舌の先と上口蓋の間にできた穴から息を出して「アー」と笛を鳴らすみたいに発音をするわけですよね。

この発音ができないと言えない言葉が、英語にはたくさんあります。world や bird の他にも、

girl, pearl, heard, turn ◀️

などなど……。ものすごくたくさんあるわけです。

また、カタカナやローマ字に馴染んだ日本人が苦手とする母音が Schwa と呼ばれる音です。この音は、アクセントがない場所で頻繁に使われます。たとえば、capacity ◀️の最初の a がこの Schwa になるわけです。**発音の際には、口と舌は、だらんと、リラックスした位置を保ちます。この音は非常に短く、その他の英語の母音よりも短いことが特徴です。ほぼ存在し**

ない音だと考えるよいでしょう。たとえば、moment ◀
という単語はカタカナにつられて「モウメント」と読
んでしまいがちですが、e の部分は Schwa の音にな
り「メ」とは読まず、[móu.mənt] となるわけです。

母音は子音に比べたら少ないので、まずはこういっ
た日本語にない母音をたくさん聴いて、発
音できるようにしてください。

▶ 子音を英語らしく読む

子音も日本語とは全部微妙に違っていますから、そ
の違いもきちんと理解していきましょう。まずは**最も
馴染みのないもの、かけ離れているものから押さえて
いく**のが効率がいいと思います。

代表的なものが

【θ】【ð】◀

ですが、これも恥ずかしがらずに、きちんと歯と歯
の隙間から舌を少し出して発音しましょう。舌と歯
の間から空気を出しながら「ス」に近い音を出すと
〔θ〕、「ズ」に近い音を出すと〔ð〕になります。

Thank you. ◀は、サンキューではなく、きちんと
舌を出して読むと、英語の発音になります。

それからよく話題に上がる「L と R の違い」。light/
right ◀などですね。

L の場合には、舌の先を上口蓋、上の歯の裏に当て
て発音します。

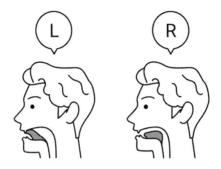

　Rの場合には舌の先を口の中のどこにも接触させずに唇をタコの口のように丸めて、「ぅらぅりぅるぅれぅろ」という感じです。

　このように、日本語と英語で顕著に違っているものから、優先的に練習しましょう。

　そして、LとRのような子音の発音はスペリングと連動していますから、適当に日本語のラリルレロに当てはめるのではなく、スペリングに従って言い分けるようにしてください。

　また、Lに関しては、さらに注意が必要です。light, link, look のように、直後に母音がくる場合と、tell, bill, tall, cold, told のような、直後に母音がない場合で、発音が変わってくるのです。一般に、後ろに母音があるLは、「明るいL」後ろに母音がないLは「暗いL」と呼ばれます。明るいLの場合には、舌を上の歯の裏から離して発音しますが、暗いLの場合には、上の歯の裏に

くっついたままになり、日本語の「ウ」のような感じの音で、不発に終わります。

Ｌ も Ｒ も出現頻度が高いので、大変だとは思いますが、子どもの頃からやってなかった人は、今、がんばって直さないと、一生残ってしまいます。ここががんばりどころです。

≪ **Point** ≫
- world などに用いられる長母音。舌の先を口の中のどこにもつけないで、舌の先と上口蓋の間にできた穴から息を出して「アー」と笛を鳴らすみたいに発音する
- Thank you. は、サンキューではなく、きちんと舌を出して発音する
- Ｌ と Ｒ の違い。Ｌ は、舌の先を上の歯の裏に当てて発音。Ｒ の場合には舌の先を口の中のどこにも接触させずに唇をタコのように丸めて発音する

▶ イントネーションを正しく身につけるには？

イントネーションも、英語を話す上でとっても重要な要素になっています。

正しく発音できていても、イントネーションが違うだけで通じなくなることもあります。反対に、イントネーションが合っていれば、多少文法や発音が間違っていても通じてしまうこともある。それくらい英語で

はイントネーションは大切です。

　TOEIC や英検などのテストを受けた生徒さんに感想を聞くと、「リズムが違ってついて行けない」とか、「波長が合わない」という意見がとても多いんです。たしかに英語の波長と日本語の波長って違いますから、波長が合わないと途中でまったくついていけなくなることはよくあります。

　この解決法としては、**自分自身が同じ英語の波長でしゃべれるようになること。**

　そのためにやっていただきたいのが、**オーバーラッピングやシャドーイングの練習**です。

▶ オーバーラッピング、シャドーイングのやり方

　オーバーラッピングというのは、英語音声を流して、文字を見ながら一緒に読んでいくという練習です。このときに気をつけたいのは、**英語のリズム感に自分のリズム感を合わせていく**ということ。これは「波長を合わせる練習」になります。音声に合わせて、一緒に歌を歌うような感覚でやるとうまくいきます。

　ただ、同時にいろんなことをやると、意味を考えずに音だけまねてしまうことになってしまうので、そこは第2章で述べた「直読直解」と同じく、聞こえてくる音、自分で出している音の意味をちゃんと考えながらやってください。

　次はシャドーイングですね。シャドーイングとは、音声を聞いたあとにすぐに復唱する学習法のことで

す。「シャドーイングは難しい！」とちょっと苦手意識のある方が多いのですが、最初はできなくても心配ご無用です。シャドーイングは、音声があまりに速いとついていけなくてめちゃくちゃになってしまうので、最初はリピートポーズが入ったものや、ゆっくり読まれたもの、もしくは短文を使ってやるのがおすすめです。

シャドーイングにおすすめの音声が聞ける、「VOA Special English」というサイトがあります。アメリカ政府によって運営されている国営放送機関です。

ネットやラジオなどの放送を通じて、アメリカ文化を世界に発信している、無料で良質な英語学習コンテンツになります。その VOA の中で、英語学習者向けにレベルを落としてつくられているのが、「VOA Learning English」です。

VOA Learning English のような、英検準2級程度のゆっくり読まれた英語で、シャドーイングをするといいでしょう。もしも、意味がわからない部分があったら、スクリプトを自分で DeepL や Google 翻訳のような自動翻訳にかけて日本語で理解することも可能です。

聞こえてくる音やシャドーイングしている内容を、スクリプトを使って丁寧に勉強をして、直読直解の練習をしていきましょう。

> 《 Point 》
> ■ イントネーションを正しく身につけるには、自分自身が同じ英語の波長でしゃべれるようになること
> ■ 英語音声を流して、文字を見ながら一緒に読んでいくオーバーラッピング、音声を聞いたあとにすぐに復唱するシャドーイングで、リズム感を身につけることができる

▶ 自分だけの学習プレイリスト

　直読直解に慣れてきたらぜひやっていただきたいのが、自分だけの学習プレイリストの作成です。気に入った音源を音声管理ソフトの中にどんどん入れていって、自分だけのプレイリストをつくってみましょう。学習したものをそのプレイリストに入れていけば、自分だけのオリジナルの英語学習ステーションとなります。

　それを電車の中、昼休み、ちょっとした散歩するときにリピート再生をします。何度も何度も再生することで、**大量の英語音声データを常に復習し続ける**ことになります。音楽などのエンターテインメント系のものなど、さまざまな分野のものをプレイリストに追加していけば、退屈することなく、ストレスなく、英語を勉強することができます。洋楽に関してのおすすめは、ミュージカルです。J-POP もそうですが、最近のポップソングは、母語話者でもなんと言っているのか

わからないような崩した歌い方をするし、歌詞にも不適切な単語が多く出てきます。一方、ミュージカルの歌詞は、ストーリーを舞台から伝えることを前提に書かれているため、歌い方も明瞭で、英語もしっかりしています。学習者には最適の素材だと思います。『アナと雪の女王』のようなベタなものから挑戦してみるとよいでしょう。

　そのような、継続的に学習できるような工夫をして、英語学習を習慣づけるのも、学習者として持つべき技術だと思います。

▶ スピーキングの練習におすすめのアプリ

　最後に、スピーキングの練習に有効なアプリを二つに絞って紹介しましょう。

① ELSA SPEAK

　ユーザ数が非常に多く、日々進化し続けていて、発音矯正にはもってこいのアプリになります。ベトナムからアメリカのシリコンバレーに転職した女性が、発音ができないことで英語のコミュニケーションにとても苦労したことがきっかけで開発されたアプリです。

　ネイティブの発音との近似値を数値化することができるので、その数値を上げていくことによって自分の発音を矯正することが可能です。舌の位置や発音記号も表示されるので、実践的に発音矯正ができます。

② EnglishCentral

　発音だけではなく、リスニング、単語学習、スピーキングなどの練習を、手軽に実践できる英語の総合学習プラットフォームです。

　発音に特化したものであれば ELSA Speak、4技能全部勉強したいのであれば EnglishCentral がおすすめです。

　EnglishCentral では、動画でさまざまな種類の英語を聴き、その英語を書き取ってディクテーション、すなわち聴いた英語を一語一句書き取るトレーニングをしたり、音声認識で音読をして、その近似値を測定して発音やリスニングの力を向上させていくという総合学習アプリになります。これを毎日やるようにすれば、英語は、間違いなく身についていきます。

　アプリの利点は、手軽なことに加えて「**英語学習を習慣化できる**」という点です。英語は言語ですので、毎日触れることが大切です。

≪ Point ≫

■ 気に入った音源を音声管理ソフトの中にどんどん入れていって、自分だけのプレイリストをつくり、何度も聴く

■ 発音矯正にもってこいの ELSA SPEAK、4技能すべてを練習できる EnglishCentral などのアプリを用いて、英語学習を習慣化する

世界を変えた偉人の 名言から学ぶ英語②

ウォルト・ディズニーの名言

ミッキーマウスの生みの親、ウォルト・ディズニー（Walt Disney 1901-1966）は、生涯夢を追い続けたクリエイター、実業家でした。高校卒業後、友人であるアブ・アイワークスと共に小さなスタジオを設立するも数年で破綻。しかしそれにめげることなくハリウッドで立ち上げた新会社で、ミッキーマウスのアニメーションを制作して大ヒット。1937年には初の長編アニメーション映画『白雪姫』を制作します。1955年にはディズニーランドが開園。彼の作品やテーマパークは、世界中のエンターテインメントに革命をもたらしました。

The way **to** get started is **to** quit talking and begin doing. ◀

始める方法は、話すのをやめて行動を起こすことだ。

この文を理解するためのポイントは to 不定詞です。
この文では 2 カ所に to 不定詞が使ってありますね。
この to 不定詞は、形容詞や名詞や副詞の働きをする
ことができます。この文では、最初の to get started
という不定詞は直前の the way を修飾する形容詞の働
きをしています。そして、後ろの to quit talking and
begin doing は名詞の働きをしています。

世の中のほとんどの成功者はウォルトと同様に手痛い
失敗を経験しています。ただ、成功者に共通している
のは、この文の中にあるように、まずは行動している
ということです。世の中には、夢を語っているだけで
一歩を踏み出せない人がなんと多いことか。皆さん
も、英語について語るよりも、この英文を唱え、暗唱
して一歩前進しましょう。

It's kind of fun **to** do the impossible.
不可能なことをやるのはなかなか楽しい。

この文のポイントは It is 〜 to 動詞の構文です。主語
にきている it は「それ」という意味ではありません。
これは、一種の目印で、主語を後回しにしたことを
表しているのです。そして、本来の主語は to do the
impossible の部分になります。kind of 〜は、会話で
もよく使う表現で「なんだか〜」や「〜みたいな」の
ような意味になります。これも成功者が持っている資

質ですが、これまでに成し遂げられなかった、不可能にも思えることに挑戦することでワクワクするんですよね。挑戦心をかき立てられることを快感に覚えるわけです。皆さんは人生において挑んでいく大きな目標はありますか？

All our dreams **can** come true, if we have the courage to pursue them. ◀
私たちのすべての夢は実現できる、ただし追い求める勇気があれば。

英語を学ぶ人なら、必ずどこかで出会う有名なセリフですね。このセリフで英文法を学ぼうとするなど、野暮な感じもしますが、ここでは助動詞の can に注目しましょう。can は、主語が、能力的に「〜できる」という意味で使われる助動詞ですが、「可能性」を表して使うこともあります。この文では「すべての夢は実現する可能性がある」と言っているわけです。夢を語るのは簡単ですが、実際に行動を起こし、夢を追い求めるのは大変なことですよね。ウォルトはその勇気を持ち夢を実現し、それを私たちにこの言葉で伝えてくれているのです。

Disneyland will never be completed. It will continue to grow **as long as** there is imagination left in the world. ◀
ディズニーランドが完成することはない。世の中に想

像力が残されている限り進化し続けるからだ。

as long as は、節と節をつなぐ接続詞の働きをする表現です。「S が V する限りは」という意味になります。left は leave の過去分詞形で「残された」という意味になります。ウォルトの想像力はとどまることを知らず、生涯を通じて素晴らしい作品を生み出してきました。そして、その結晶体であるディズニーランドが生まれたわけですが、ディズニーランドは今でも進化を続けています。これは、人類が想像力を失っていない証拠なのでしょう。

The more you **like** yourself, **the less** you are **like** anyone else, which makes you unique. ◀)
自分自身を好きなほど、他の誰かとは違う存在になり、それによって、あなたは独自の人間になることができる。

この文のポイントは、the 比較級 , the 比較級の構文です。この構文は正比例や反比例の関係を表します。「〜すればするほど〜」というような意味になるわけです。この文では自分のことを好きになればなるほど、他の誰とも似なくなるということを意味しています。この文には like という単語が 2 回出てきますが、これらはまったく違った用法の like です。最初の like は、おなじみの「〜が好きだ」という意味の動詞です

ね。そして、2番目の like は、「〜のような」という意味の前置詞なのです。このように like を掛詞のように使って文に面白みが加えられているわけです。

人生において、大切なことは自己肯定感を持つことですよね。自分のことを好きになれなければ、この世界を好きになることもできないかもしれません。そして、自分のことが好きであれば、人と自分を比べて思い悩むこともなくなるでしょう。また、逆境に関してウォルトはこのようなメッセージを私たちに残してくれています。

All the adversity **I've had** in my life, all my troubles and obstacles, **have strengthened** me. ◀
人生におけるすべての逆境、すべての苦難や障害が私を強くしてくれた。

現在完了形と過去形の区別はわかりますか？　この「現在完了形」という文法用語はこの形のことをよく表していると思います。現在完了形は、have ＋過去分詞形という形で表現されますが、この形は「現在どうなっているか」を伝える場合に使うのです。ここでは、ウォルトがこの発言をしている時点、つまり現在までに、逆境をいろいろと経験してきたことや、苦境によって強くなってきたということを表しています。つまり「今こうなっている」ということを言いたいのです。一方過去形は、過去にあったことを伝えるだけ

で、現在とは関連していません。この区別が会話の中で自然に使いこなせるようになったなら、英会話上級者の仲間入りです。

英語学習においても、失敗や苦労は連続します。でも、何度も伝えている通り、英語は失敗から学べば学ぶほどうまくなります。すべての失敗や苦境は、あなたの英語を上達させるために神様が与えてくれている、成功するための教訓なのです。

第4章

感動するほど
身につく
英文法学習法

文法は使って覚える

▶英文法は言語習得のための加速装置

「英文法の勉強か……あまり気乗りしないな……」と思っていませんか? たしかに、過去分詞のルールやさまざまな語順などを覚えるのはあまりワクワクするものではないかもしれません。英語が話せるようになればいいと思っている人の中には「英会話に文法って必要?」などと迷っている方も多いと思います。

私の結論は、**外国語を習得する際に英文法は学んだほうがよい**ということです。英語でもなんでも、子どもが自然に言語を習得するような場合、文法こそ勉強しませんが、とんでもない数の試行錯誤を毎日繰り返しながら、何年もかけて文法のルールを自然に覚えていくわけです。しかしながら、大人になって母国語以外の外国語を学ぶ場合、1日10時間以上英語に触れ続けても、独学でルールを発見することは非常に難しい。いえ、ほぼ不可能ですよね? ですから、長年試行錯誤を重ねてルールを発見するプロセスを一気に省くために文法というものを学習するのです。いわば文法は、**英語習得のための加速装置**のようなものと考えます。

ネイティブのように、子どもの頃から複数の事実などから共通点を見出し、身につけていく方法が「帰納法」であるのに対し、私たちが長じて言語を学ぶ場合は、「演繹法」的なやり方、つまり**ルールや法則に基づいて、当てはめて結果を導き出していくやり方**になってきます。

▶英文法学習の最大の注意点

　ここで気をつけなければいけないことがあります。子どもが試行錯誤して日々身につけるのに対して、私たち大人の場合は逆で、先にルールを頭に注入します。そのため、習得効率は良くなるもののルールを頭に入れただけでは何も起こらないんですよね。「帰納法」に比べて練習量・実践量が圧倒的に足りません。

　これが英文法の最大の注意点で、ここで終わってしまっている人がとても多いのも事実です。それが、日本人が、英文法を勉強しても英語が話せない大きな理由となっています。

　ルールを理解したり、ルールを使って問題を解くということで終わってしまうと、英文法を学ぶ意味はあまりないでしょう。運転でも、楽器の演奏でも、本やルールをどれだけ頭に入れても、実際に運転したり、演奏しないことには上手にはなりません。いつまで経っても何も起こらないまま、知識だけが宝の持ち腐れ状態になってしまうんです。

　英文法を学ぶ目的は、「英文法をスピーキングやライティングに結びつけるため」であって、英文法自体を学ぶだけで終わってしまっては意味がないと言えるでしょう。

▶ 文法は階層を意識して頭に入れていく

　では、どのようにして英文法の学習を英語の技能に結びつけていけばいいのか、順を追ってお話ししていきます。

　まずは最初から欲張って細かいところまで網羅しようとしないことです。世の中にある文法の本を見てみると、かなり分厚くて細かいところまで詳しく解説してあるものが多いのですが、初心者にとっては、あまりにも解説する項目が多くてルールの数が多すぎるとも感じます。また、「何を優先的に使うべきなのか」とか「どれが頻繁に出現するのか」といった、話す上で肝心なことが何なのか、わかりにくいんです。ですから、英文法は、レイヤー、つまり「**階層」をしっかりと意識した上で勉強**することが重要です。つまり、まずは最初に大枠を勉強し、使ってみて、さらにちょっと上塗りし、使ってみて、必要な部分を上塗りしていくような勉強法です。最初からすべてを濃く学ぼうとせず、少しずつ塗っていくわけです。

▶中学～高校初級で十分

　では、どんなものから始めたらいいかというと、英語の初～中級者は、**中学英語～高校初級英語に限定された基本的な英文法**だけが収まった本を選んでください。私の著書であれば『新ゼロからスタート英文法』（Ｊリサーチ出版）がおすすめです。多くの英語学習者が英文法を完璧にマスターしたいという根拠のない期待のもとに、分厚い英文法書を読んで、文法学者しか知らなくていい難しい区別などを一生懸命勉強しようとしますが、これは普通の人にはあまり意味がないと思います。英文法は英語を使うためのルールなのですから、ルールの勉強に時間を使いすぎて、英語を使って練習する時間がなくなってしまったら本末転倒です。

　英語学習の中心は、あくまでも４技能のスピーキング、リーディング、リスニング、ライティングであって、英文法に時間を取りすぎるのはタイパがいいとは言えないわけです。

　まず英文法は練習量を確保するために**必要なものだけに絞り込む**視点が重要です。英文法のうんちくばかり勉強するのは、ガレージに使えない道具ばっかり揃えるようなもので、本来は実際によく修理に使ういくつかがあればいいわけです。英文法の勉強もまったく同じことで、たくさんルールを網羅して知っていれば話せるようになる、というわけではないことをしっかり理解しておきましょう。

　いくつかの超難関大学では、ほとんど使うことのな

いマニアックな英文法の問題を出題することがあります。そういう大学を受ける受験生だけが細かい文法の区別などを勉強すればいいわけであって、一般の人たちは超マニアックな文法を学ぶ必要はありませんし、もし興味があって勉強したいのであれば、英語を使えるようになったあとに勉強すればいいと思います。

▶ 文法は汎用性の高いものから

先ほども言いましたが、話すために必要なのは「中学＋高校初級」までです。現在の中学英語は仮定法まで教えることになっていますので、日常で使う英語は、ほとんど入っているということになります。**日常の会話などで使う英語は、ほとんど中学英語ですむということになります。**

「中学＋高校初級」の英語は非常に汎用性が高く、反対に難しい大学受験に近づいていけばいくほど汎用性が低くなっていきます。

たとえば、中学英語で習う、

As soon as I arrived at the airport, it began to rain.

なんていう構文は、「～するとすぐ……」のように、日常会話でもとてもよく使います、これが、

No sooner had I arrived at the airport than it began to rain.

だとどうですか？　もちろん正しい英語表現ではあるのですが、上の例文に比べて、使う頻度ははるかに

低く、小説などで出てくる特別な表現です。日常会話で使うことはほぼありません。

　皆さんは英語を使うために学ぶわけですから、最初に出てきた汎用性の高いものから学ぶことが大切です。多くの学習者の問題点は、**汎用性が高いものと汎用性が低いものの区別ができていないことなのです。**

1．汎用性の高い表現："Can you give me a hand?"
　　日常会話やビジネスのシーンで広く使用される表現。

2．中程度の汎用性の表現："Could you offer your assistance?"
　　ややフォーマルな言い方で、ビジネスや公式な状況で使われる表現。

3．汎用性の極めて低い表現："Might I humbly beseech your aid in this matter?"
　　古めかしい言い回し。日常会話や一般的なコミュニケーションでは使用されません。主に文学的な文体や歴史的なコンテキストでの使用に限られます。

簡単にまとめると、

1）文法の勉強では汎用性が高い中学から高校初級レ
　　ベルを最優先で学ぶ
2）4領域、4技能の訓練を徹底的に行う
3）英語ができるようになってから細かい文法を勉強
　　する

　この順番を守ってください。

　前述したPDCAサイクルでいうと、文法というのは、あくまでもP、計画の段階にすぎないので、PPPPで終わっている人が多いように思います。英文法でもPは最低限の文法項目を押さえたら、D、実行に時間を注ぐようにしましょう。

▶パーツを組み替えて実践に結びつける

　では、実際の勉強の仕方ですが、たとえば「不定詞」という項目を勉強したとしましょう。参考書にはよく、――不定詞は三つの用法「名詞的用法」、「形容詞的用法」、「副詞的用法」に分かれ、副詞的用法は、目的や、感情の理由や、判断の根拠や、結果に分かれる――などとあって、ここがポイントなどと書かれていますが、そのルールを覚えたからといって英語ができるようになるわけではありません。

　そのルールを使った**英文を暗唱して、その英文の中のパーツをどのように替えていくか**ということが英文法学習のキモと言えます。そうしなければ話せるようにも書けるようにもなれません。

たとえば、

I went out **to walk** my dog.

という、「不定詞の副詞的用法の to」を学んだのであれば、

I went out **to visit** my uncle.

I went out **to attend** a meeting at my client's office.

のように、目的を表す to を使った文を**即座に口頭で自分なりに言い替えてみるという**ところまでセットで学ぶことで、実践に結びついていきます。

▶ 英文法も体で覚えよう

　英文法の勉強というのは、**練習重視**につきます。もう練習して、練習して、とにかく練習を繰り返します。特に、最初の基礎英文法は、徹底練習型でやるべきですね。ピアノの練習本、バイエルのトレーニングのように何度も何度も練習して体や脳に慣らしていくようなやり方で、しっかりと身につけていきましょう。

　英語を使うことが目的ならば、英文法とは、つかず離れずの距離を保ち、絞り込んで練習型で向き合っていくといいと思います。何度も言いますけれども、難関大学の受験生や英文法学者になりたい人は例外なので、この話は聞き流しておいてください。

　その他の皆さんがこの本の読者の大半だと思いますから、英文法学習の基本を説明していきます。

```
《 Point 》
```

■ 最初から欲張って細かいところまで網羅しようと
  しない

■ 日常会話で用いる英語は、ほとんど中学英語の
  中に入っている。英文法は中学＋高校初級で十
  分

■ 習得したい文法を用いた英文を暗唱するのが、
  英文法学習の基本

▶ 完了形とは？

　英文法の学習で、つまづく人が多いのは時制です。
過去形や現在形、未来形、それぞれの使い方がありま
すが、その中でも特に難しいと言われるのがやはり完
了形ですよね。難しいから後回しにしたいところです
が、実は日常会話でもとても汎用性が高いので、ここ
は徹底的に押さえたいところです。

　「過去形と現在完了形の違いがよくわからない」とい
う質問をよく受けますが、現在完了形というのは言葉
が表す通り、「現在完了してますよ」ということを伝
えています。つまり、**現在完了形＝現在のこと**を言っ
てるわけです。たとえば、

　I have finished my homework.

　I have finished my job.

　I have finished my task.

　だったら、**現在の状態で作業が終わっている**と言っ

てるわけです。それが、I finished my task. と言ったら、現在どうなのかわからないけど、**過去に終えた**ということを言っています。つまり過去のことを伝えているか、現在のことを伝えてるか、ただそれだけなんです。日本語に訳すと同じような日本語になってしまうため、この二つの区別がわかりづらいのですが、英語では全然違うことを言っているんです。

　時制は、現在進行形や受動態といったような、be動詞と -ing 形、過去分詞形を組み合わせたようなものも基本的な知識として理解しておきましょう。あとは、自分の使いたいようにカスタマイズしていけば、自然と使いこなせるようになるはずです。

▶日常会話でも使う「仮定法」

　仮定法は難しいものの代名詞のように捉えられていて、苦手意識をお持ちの方が多いのですが、この仮定法は実践英語ではとても重要な要素の一つです。現実に可能性の低いことを仮定するというところから、会話の中で使うさまざまな婉曲表現・丁寧表現が生まれていますので、しっかり押さえておきたいところです。

　たとえばよく　Would you like to visit the art museum this weekend?「週末美術館に行きませんか？」とか、Could you turn down the volume a little bit?「少し音量を下げていただけますか？」などと言って、丁寧

109

な英語では、過去形の助動詞を使いましょうと習います。この過去形の助動詞ももともと仮定法からきています。現実から遠いことを表すので、やってもらうことが当たり前ではなく、無理かもしれないけれども、やってもらえたら……という控えめな表現になり、丁寧な言い方となるからです。

ですから、会話表現で「仮定法を理解できる」「仮定法を使いこなせる」と、丁寧表現とか婉曲表現が非常にうまくなりますので、この仮定法の理解というのは非常に重要になります。

≪ Point ≫

■ 完了形は汎用性が高いので徹底的に押さえたい

■ 現在完了形は現在は完了したという状況を伝える表現

■ 仮定法を習得すると、丁寧な言い方、婉曲表現がうまくなる

▶楽器の演奏のように実践していく

こういった英文法の基礎が身についたら、もう十分に基本的な英語を使いこなす素地、準備はできていると言っても過言ではありません。基本的な英語を使いこなす準備はこれでもう十分なので、あとはこの英文法を使って英語を話したり、読んだり、聴いたり、書いたりしながら、何かわからない英文法の構造が出てくるたびに文法書で調べていけばいいと思います。そ

うやって「徐々に学んでいく」のが英文法の正しく効
率的な勉強の仕方だと私は思います。

　英文法の分厚い本を読み込んで、先に細かい部分ま
で全部網羅してから勉強するというやり方は、絶対に
おすすめしません。基本的な英文法を薄い本で先にパ
パッと勉強して、あとはケースバイケースで実例にあ
たりながら英文法を勉強していく実例検証型の勉強法
をおすすめします。

▶ 英文法学習も音声主義

　参考書の選び方の基本は、文法の本であっても必ず
例文にネイティブの読み上げ音声がついているものを
選ぶことです。これがないものは使ってはいけませ
ん。文法ドリルで例文音声がないものは、令和時代の
英語学習にはふさわしくないと思います。

　間違った発音で覚えてしまって、発音に対する理解
がないと、いくら英文法を勉強してもスピーキングや
リスニングに結びつきません。文法問題が解けるよう
になるだけです。例文の音声が付属したものを使うの
が絶対条件です。

　　＜文法書を選ぶ基準＞
　　・薄い
　　・例文がついてる
　　・CDやオンライン上で聴ける音声がついている

▶短文リピーティング・シャドーイング

　まずは、短文の音声のリピーティングからスタートするのがおすすめです。最初はネイティブの音を聴いてリピーティングします。リピーティングに慣れたら、次にシャドーイングをして例文を暗唱してしまいましょう。例文を暗唱しておけば、パーツを変えればスピーキングやライティングにそのまま使えますから。

　たとえば、仮定法過去の項目で、「もしだったとしたら～なのになぁ」と実現する可能性が極めて低いことについて、仮定の話をするときに使う。

　と書いてあったとします。この解説を読んだだけで「はい、理解したぞ、終わり」にしないでください。それだと会話はできません。

　そのあとの例文を見て、解説の理解を深めます。

　I wish I were a bird.「もしも鳥だったらなぁ」

　例文を通して文法への理解が深まったところで、今度は音声を聴いてみます。

　wish や were, bird の発音などを**ネイティブの音で覚えましょう。**次にリピーティングしてみる。これを何度も繰り返して暗記してしまえば、

　いつか友達と高級車を見つけたときに、

　I wish I were rich.「お金持ちだったならぁ」

　などとパッと出して会話で生かすことができるのです。

　文法を学ぶ意味はここにつきると思います。

▶ 文法は半分理解、半分練習

　一気にやろうとせずに、自分で確認しながら少しずつ進めてください。英文法をすべてマスターすることは不可能なので、自分の使いそうなものから優先的に覚えていきましょう。

　他にも誰かと会話して、「過去の出来事を後悔する表現を使いたい」と思ってもうまく言えなかったなら、文法書や辞書で「過去を振り返る表現」の項目を引いてみると、[should have+ 完了形] が使えるな、とわかります。それを自分の言いたいことに言い換えて練習しておけば、また「過去の後悔」を言いたい場面に遭遇したときに、

　I should have studied harder.
「もっと一生懸命勉強しておけばよかった」

　などと言えるようになります。この繰り返しです。こういった、実践と並行して取り入れていくことで、より実用的な英文法が先に使いこなせるようになっていきます。

　長文シャドーイングはハードルが高く感じるかもしれませんが、短文であれば、毎日通勤時間に駅まで歩いている間に口パクでやるとか、休み時間にやるとか、どこでもスキマ時間が活用できます。ただし、口パクでいいので必ず口も一緒に動かすようにしましょう。そうやって例文を暗唱していくということが英文法の学習の基本です。文法は半分理解、半分練習と考えてください。

▶英文法チェッカーで弱点を発見

　文法の仕上げとして取り入れてもらいたいのが、**AI による文法チェック**です。自分の書いた英語のエッセイなどを AI などの添削アプリに入れてみると、自分が間違いがちな文法事項が浮き彫りになります。

　たとえば、こんな文章を入れてみます。

【入力英文】Let's discuss **about** the topic of the last lesson.
　添削→ about が不要

　ここで添削された箇所を自分で調べて「他動詞だから NG だったのか」と次につなげることができますね。こんなふうに自分の文法の弱点を把握するためにも、添削 AI を使ってみましょう。

```
《 Point 》
■ネイティブの読み上げ音声がついていない文法
　ドリルは使ってはいけない
■リピーティング、シャドーイングで短文を暗唱し
　てしまう
■書いた英文を AI などの添削アプリに入れてみて、
　自分が間違いがちな文法を把握する
```

▶英文法学習の半分はルールの理解、
　半分は例文暗唱

　先ほども申し上げましたが、英文法は、半分ルール
の理解で、残りの半分は例文暗唱です。でも、ルール
を理解することが90%になってる人って結構多いん
ですね。ルールの理解は英文法の勉強のうち、半分で
十分だと思います。あと半分は、正しい音声で例文を
暗唱することと思っておけば間違いないと思います。

　ルールやうんちくのようなものは面白いので、つい
つい追求したくなるのもすごくわかるのですが、英文
法にはまったまま、英語が話せるようにならない人も
多いと言えます。実践英語を身につける際にはそこは
後回しにしたほうがいいでしょう。

▶英語との向き合い方
　インプットとアウトプット

　英語を使いこなすためのルールをシンプルに言う
と、

「インプットは精密に、アウトプットは大胆にやる」

　ってことなんです。英文法や単語を学ぶときには、
正しい英文・スペルをしっかりとインプットしなけれ
ばならないし、読んだり聴いたりして英語を覚えてい
くときは、正しい発音や正しい文法や精密さに留意し
なければならないと思います。では、話すときはどう
でしょう？　しゃべったり書いたりするときに、完璧
な英文法で行うのは無理な話なんです。

そもそもネイティブも精密に正しい文法では話していません。ですからしゃべるときにはもう大胆にtrial and error で「こう言うんじゃないかな？」くらいのレベルでも堂々と言ってみる。通じなかったら直していくということを繰り返し続けていくしかありません。

　間違い＝挫折ではありません。もう１回勉強し直せばいいだけです。もうとにかくノンストップでPDCAサイクルを回していきましょう。インプット**してから間を置かずにすかさずアウトプットして間違ってみる**ことが大事です。

　実際に英語を発信するときに、英文法がきっちりできている人というのは、間違った数が半端じゃなく多いはずなんです。分厚い文法書の理解ではなく、**間違った数＝本物の英文法力**ですから。間違いを恐れて一生懸命インプットしていても、英文法はできるようにならないと言ってもいいかもしれないですね。

　間違いを恐れてしまう分、覚えるだけの「英文法」の勉強そのものに時間をかけて、安心してしまう人が多いんだと思います。それでは時間も努力ももったいないです。どんなに文法を勉強してもまったく間違わないなんてあり得ないので、間違いながら学ぶくらいの割り切った気持ちでいきましょう。**人間は間違ったものじゃないとなかなか記憶に残らないですよね。**

　ですから、読者の皆さんは、間違う前に防御しようとするのは諦めて、大胆に間違えながら力をつけてい

きましょう。

≪ Point ≫

■ 英文法にはまったままで、英語が話せるように
　ならない人が多い

■ インプットは精密に、アウトプットは大胆に。間
　違った数＝本物の英語力である

世界を変えた偉人の名言から学ぶ英語③

ピーター・ドラッカーの名言

「知識労働者」（Knowledge-Worker）という概念を提唱した経営学者、ピーター・ドラッカー（Peter Drucker 1909-2005）。オーストリア出身、ドイツ、イギリスを経て渡米し、1943年、自動車メーカーのゼネラルモーターズのマネジメントを1年半ほど調査。それをもとに『企業とは何か』（Concept of the Corporation）を出版、世界中の大企業の間に組織改革ブームを巻き起こします。1954年に出版した著書『現代の経営』（The Practice of Management）では、経営学の基本的な原則やアプローチを提唱。日本企業のソニーやトヨタとの関わりもよく知られています。

There are two types of people in the business community: **those who** produce results and **those who** give you reasons why they didn't. ◀

ビジネス界には2種類の人間がいる。結果を出す人

と、出せない理由を言う人だ。

この文のポイントは those who という表現です。those というと「あれら」という代名詞で使うことも多いのですが、この文では「人々」という意味で使われています。そのような場合、関係代名詞の who と結びついて、「those who 動詞」という形で、「〜する人々」という意味になります。

The best way **to predict** the future is **to create** it. ◀
未来を予測する最善の方法は、それを創り出すことである。

to ＋原形動詞の形のことを「不定詞」と呼びます。この不定詞は、形容詞の働きや、名詞の働き、副詞の働きをすることができます。この文には二つの不定詞がありますね。どの働きをしているかわかりますか？最初の不定詞は直前の way という名詞を修飾する形容詞の働きをしています。そして is の後ろの不定詞は「〜すること」という意味で、名詞の働きをしています。ドラッカーはこの言葉を通じて、受動的に未来を待つのではなく、能動的に未来に向かっていくことの重要性を唱えています。私が生まれてから、さまざまなテクノロジーによってパラダイムシフトが起こりました。そしてそのたびに、ビジネスのメインプレイヤーが変わっていきました。常に先を読んで行動し、

テクノロジーの進化の波に乗り、新しい仕組みを世の中に提供した人や組織が時代をつくってきました。これからもそれは変わらないのでしょうね。

Management is doing things **right**; leadership is doing the **right** things. ◀
マネジメントとは物事を正しいやり方で行うことだ。リーダーシップとは正しいことをやることだ。

この文を読むためのポイントは、二つの right をよく理解することです。どちらかが形容詞で、どちらかが副詞です。わかりますか。答えは、最初の right が副詞、2番目の right が形容詞です。会社を経営するためには、業務を正確に効率よく進めなければなりませんね。このことを副詞の right を使って表現しているんです。一方で、人の上に立つリーダーとして組織を牽引し、社会に貢献するためには、道義的に正しいことをする必要があります。リーダーはただ単に、うまく物事を行うことができるだけでなく、尊敬を勝ち取るために正しい行動をしなければならないということです。皆さんの上司はどうですか？　そして、あなたが上司なら、正しい選択をしていますか？

Time is the scarcest resource and **unless** it is managed, nothing else can be managed. ◀
時間は最も限られた資源である。それが管理されない

限り、他の何も管理されることはないだろう。

この文で使われている unless という接続詞は感覚が
つかみにくい単語ですね。これは「S が V する場合を
除いて」という意味なります。この文では「時間が管
理された場合を除いては」何事を管理することも不可
能だと言っているわけです。つまり、時間を管理する
ことがすべての基本だと伝えているわけですね。すべ
ての人間に時間だけは平等に与えられています。どん
なにお金持ちでも寿命を買うことはできません。だか
ら、この時間をどのように賢く使うのかによって、人
生の深さも変わっていくでしょう。もちろん、ビジネ
スにおいては、ただ長く働いて頑張ればよいというわ
けではありません。限られた時間を最高の効率で使う
ことが重要なのです。あっ、英語学習も同じですね。

第 5 章

感動するほど
書けるようになる
ライティング学習法

AI と連動させて鍛える

これまで、「聴く」「話す」について話してきましたが、続いて「書く」つまりライティングについて話していきたいと思います。英語の検定試験や受験などでも、「ライティング」が特に苦手、という方がとても多くいらっしゃいます。

「もともと文章を書くのが苦手」
「英語で自分の考えをまとめることが難しい！」
　などの理由でハードルを高く感じている学生も多く見受けられます。しかし**基本を押さえた上で、上手にAIを活用しながら書く練習**をすることで、自分の考えをうまくまとめてライティングできるようになりますので心配はご無用です。

▶ 文法を勉強するときは例文暗記が基本

　基本的な文法と語彙の学習はライティングには必要不可欠の要素です。たとえばごく初歩的な、主語、述語、そして動詞の語順がわかってないと、添削をしてもらったときにも、なぜそう直されたのか理解できません。ライティングに限ったことではありませんが、英文の語順を理解する意味で、英文法はひと通り勉強しておくのがおすすめです。

　文法を勉強するときに大切なのは、**英語例文を暗唱しながら勉強する**ことです。

　文法と語彙だけ覚えて、ルール通りに語彙を並べれば英作文ができる！

とはいかないからです。たとえば、日本語でも「学生生活」とは言いますが、「生徒生活」とは言いませんよね。この単語はこの単語としかくっつかない、などの暗黙のルールは例文を丸ごと暗記する中で身につけていくのが断然効率的です。そうした暗黙のルールは無数にあるので、一つひとつ覚えていくのでは、時間がかかりすぎるのです。

文例を暗唱して、実践ではその文例を**パーツごとに分解して組み合わせる**ということが非常に重要になってきます。分解と言っても、最小単位の単語まで分割するということではなく、言葉のカタマリである「チャンク」、一緒に使われる単語の組み合わせである「コロケーション」あたりで止めて覚えていくのが、タイパのいい習得法になります。頭の中にそれらのストックが数多くあれば、会話をする際もそのまま使うことができます。いちいちすべての単語を順番に並べ変えたりせずに覚えたまま使えば、文法的に正しくて自然な文章になるのです。

▶「経済」に関するコロケーションの例

たとえば、経済の話であれば、「対ドル円高」は、

yen's appreciation against the dollar、「対ドル円安」
は yen's depreciation against the dollar

などです。

depreciation ＝「通貨安」だけを単体で覚えても、どういうタイミングで使うのか迷いますが、最初から

「対ドル円安」で覚えておけば、depreciation の意味も同時に押さえておくことができます。appreciation や depreciation はほぼ通貨の話に関するときに使うので、それぞれを暗記するよりもまとまったコロケーションで覚えておいたほうが効率がいいですよね。

英作文で使えるコロケーションの例：経済関連

1. **economic growth:** 経済成長。国や地域の経済活動が拡大することを示します。

2. **market volatility:** 市場の変動。価格変動の度合いや不確実性を示します。

3. **fiscal deficit:** 財政赤字。政府の歳出が歳入を上回っている状況を指します。

4. **monetary policy:** 金融政策。中央銀行が金利の調整や通貨供給量を制御することで経済を調整する政策です。

5. **trade surplus:** 貿易黒字。輸出が輸入より多い状況を示します。

6. **inflation rate:** インフレ率。物価が全体的に上昇する速度を示します。

7. **unemployment rate:** 失業率。労働力人口のうち仕事を探しているが見つけられていない人々の割合です。

8. **gross domestic product（GDP）:** 国内総生産。国の経済活動の総量を表す指標です。

9. **foreign exchange rate:** 為替レート。一つの通貨を他の通貨に交換する際のレートを指します。

10. **stock market crash:** 株価暴落。短期間に株式市場の価格が大幅に下落する現象を示します。

《 Point 》

■英語例文を暗唱し、実践ではコロケーションなどのパーツに分解して組み合わせる

■英単語もコロケーションで記憶する。appreciation や depreciation は、「対ドル円高」yen's appreciation against the dollar「対ドル円安」yen's depreciation against the dollar で覚える

▶アクティブボキャブラリーと言われる「使える単語」を増やす

次に大切なのは、「読むこと」です。

——ライティングなのに「読む」の？

と思われるかもしれませんが、日本語でも英語でも何かを書くためには、知識が豊富であればあるほどエッセイのクオリティが向上します。

一つひとつの文章を書くのは、文法や語彙を暗記すれば簡単にできるかもしれません。箇条書きのように、言いたいことを並べればいいのですが、

「SDGs（持続可能な開発目標）のそれぞれのゴールについて自分の意見を述べる」

となるとそうはいきませんよね。これはスピーキングでの「発表」とも重なる部分になりますが、自分の主張したいことを論理的に順序立てて述べなくてはなりません。リサーチに基づいた豊富な情報量が必須になりますので、興味のある分野に関する知識を英語でも日本語でも常にアンテナを張って、ストックとして入れておきましょう。

英語や日本語で得た知識を表現するためには、語彙、特に名詞を一定量覚えておく必要があります。それらを日本語からパッと英語で言えるようにしておくと、ライティングだけではなく会話もグッと変わってきます。

知識を表現する名詞を日本語から英語にパッと言えるようにする、いわゆるアクティブボキャブラリーに変えることが大事ですね。**アクティブボキャブラリーとは、話したり書いたりするときに自分が使いこなせる語彙のこと**です。あとは練習あるのみ！ 練習方法はいくつかあるのでご紹介していきます。

▶ 身近なSNSから始めてみる

一番身近で手っ取り早く発信できる場所といえば「SNS」です。趣味の合う人などとコメントや投稿などを通して交流しながら英作文の練習をしてもいいでしょう。手軽に始められますし、肩肘張らずに継続で

きるので初心者にはいいかもしれません。

　ただ1点気をつけていただきたいのは、仲間同士の
SNS では、でたらめな英語でも通用してしまうこと
です。ネイティブですら、正しい文法を使っていませ
ん。それでも通じるので、まずハードルを下げる意味
ではいいとは思うのですが、せっかくなら正しい英語
でやりとりするようにしたほうが、次のステップにつ
ながります。

　そこでおすすめしたいのが「英文添削アプリ」の導
入です。ちょっとしたやり取りでもこれを利用するこ
とで、正しい英文でやり取りすることができます。

≪ Point ≫

- クオリティの高いエッセイを書くためには知識、
  豊富な情報量が必要
- 使いこなせる「アクティブボキャブラリー」は、
  SNS を活用して増やす。でたらめな英語でも通
  用してしまうことに注意する

▶ 添削アプリをワープロ代わりに

　自分の文章を添削するとき、まずワードなどの文書
に打ち込んでから添削アプリにかけると思うのです
が、添削アプリをワード代わりに利用してもいいと思
います。

　文法チェッカーの Grammarly のようなものに、文
章を直接打ち込んでいくんです。そうすることで、文

章を直しながら書いていくことができます。

　たとえば、以下のようにあえて間違った文章を Grammarly に入れてみます。

【添削前】I think that <u>solve</u> the water shortage problem is <u>important</u>.

　すると有料版では、
・solveは間違った動詞の使い方なので動名詞に変えましょう
・importantはあまりにもよく使われるから、変えましょう
などという提案をしてくれます。
　こういった最小限の文法は全部直してくれるのでとても便利です。ですから添削アプリをワープロ代わりに使えば、ライティング作業から添削までが一つのアプリで完結するのでタイパは上がります。
　先ほども申し上げたように、最低限のグラマーは直してくれますが、それをさらに自然な文章などにしたい場合は、人間に修正してもらうというオプションもあります。エッセイのような長い文章を1回 Grammarly で直し、直した文章を今度は人間に直してもらうこともできます。
　Grammarly だと「get expert help」というものがあります。「専門家のヘルプ」ですね。こちらを利用すると human expertise、つまり人間の専門家に英文

を修正してもらえます。レベルや仕上げてもらう時間で値段が変わってくるので、自分のニーズに合ったものを選べばいいでしょう。アメリカ英語、イギリス英語や丁寧さ、日常使いなどすべて設定可能です。

▶ ライティングでは常にAIを用いるのが基本

　ライティングで重要なのは、このように**常にAIを用いて書くということ**です。もうこの時代に紙と鉛筆を使って書いているのはかなり非効率です。参考までに効率のいい翻訳ソフトの使い方をご紹介します。

　たとえば、次の文章を書くとします。

【日本文】世界の首脳が率直に話し合うことが重要です。

　こちらを機械翻訳の DeepL に入れると、

【翻訳文】It's important that world leaders talk frankly with each other.

　と出てきます。

　これを文法チェッカーの Grammarly に入れると、「It's important that は冗長なので書き換えましょう」と指摘され、さらに簡潔な英語を提案されます。

【添削後】World leaders must talk frankly with each other.

　これをコピーして、再度 DeepL に戻して今度は「英語」→「日本語」に訳します。逆翻訳をして、自分の言いたかった日本語に訳されるかをチェックします。

【逆翻訳】世界のリーダーたちは、互いに率直に話し合う必要がある。

　オリジナルの日本語とほぼ同じであれば、この英語は2種類のAIのフィルターをかけた上で正しい英語だということが認識でき、暗唱にも適した英語だと判断できます。

　また、さらにこの添削後に出てきた日本語を今度は違う翻訳アプリに入れてみて、他の表現がないかを確認できます。たとえば、Google翻訳に先ほどの日本語を入れてみると、

【翻訳】World leaders must talk openly with each other.

　と出てきます。frankly が openly になっていますね。このように別の表現が出てきたら、辞書で単語の意味などを確認して、より自分の言いたいことに近い単語を選択することも可能です。こうして英単語の感覚が身についていくのです。自分の書いた英作文が即座にブラッシュアップされるのを目の当たりにすると、さらにやる気が高まるものです。

　また、DeepLでもGoogleでも音声読み上げの機能がありますので、仕上げに音でも必ず確認しておいてください。

　上記のような一連の手順をまとめて整理しておきましょう。

▶機械翻訳を使う理由

　何かを書こうとしたとき、私たちはまず日本語で思いつきますよね。たとえば先ほどの「世界の指導者たちは互いに率直に話し合うことが重要である」はパッと英語で思いつきませんよね？「世界の指導者」「率直に」など、辞典を引いても、なかなか解決しません。そこで使えるのが機械翻訳サービスなんです。

　前述しましたが、今の翻訳ソフトはビッグデータと直接つながっています。すなわち、これまでプロの翻訳者が「世界の指導者」を翻訳してきた結果が蓄積された、何億ものデータをもとにしているのです。「この日本語はこの英語表現に結びつく」という統計値に基づいているので、ほぼ正しいものが出てきます。「率直に話し合う」のfrankly と talk がどのぐらいの割合で同時に出現するかなど、全部統計値として処理されていく、そういう仕組みです。

　昔の翻訳装置だと、talk が say になっていたりだとかそのまま伝える文章はなかなか出てきませんでしたが、隅田英一郎著『AI翻訳革命』によれば翻訳ソフトのレベルは TOEIC900 点だそうです。この本が出る頃にはさらに上がっているかもしれませんね。ですから DeepL や対話型 AI をすべて集結したら、私も含めた 99% の英語教師よりも優秀とも言えるので、英語学習には積極的に取り入れるべきです。ライティングに至っては、**AIと普段のライティングの学習を連動**させることができるかどうかというのが、非常に

重要なポイントになってくると思いますね。

「英作文」というと、辞典を引きながらペンでノートに書くことを想像された方もいるかもしれませんが、もうその時代は完全に終わっています。**皆さんの時代において英作文というのは、このクラウド検索をフルに活用してやるのが基本です。**

≪ Point ≫

■ 英作文を添削してくれるアプリをワード代わりに用いれば、タイパが向上

■ 翻訳ソフトを使うときは、まず英作文を添削、それをさらに和訳してチェックする

■ 翻訳ソフトは膨大なビッグデータとつながっており、ほとんどの英語教師より優秀

▶ AIを使ってエッセイを書いてみる

では、早速 AI を使ったエッセイなどのまとまった文章の書き方を見ていきましょう。

Grammarly で添削済みの英文を今後は ChatGPT のような言語生成型 AI に評価してもらいます。貼り付けた文章の上に、

Evaluate the following essay.

と入れます。「以下のエッセイを評価してください」という意味です。試しに事前に用意したエッセイの第 1 パラグラフだけ入れてみます。そうすると、

Your essay provides an interesting introduction

with references to popular movies that capabilities limitations of AI. However, the essay would benefit from more focuses structure the present clear and comprehensive argument.

　訳：AIの限界を示す人気映画への言及を含む興味深い導入が提供されていますが、明確かつ包括的な議論に焦点を当てた構造にするとより有益なエッセイになるでしょう

　と、AIが評価しました。

　実際に入力した文章は第1パラグラフだけですので、的を射ていますね。第2パラグラフ以降に被験者を使った実証が続くので、そこが抜けているという適切な指摘になっています。

　これを誰かに見てもらうとなると、まず相手に送って、全部読んでもらってからフィードバックをまた送ってもらうとなると時間はかなりかかりますよね。これが数秒でできてしまうのです。文章は自分でひたすら書いていても、文章力が向上しているかどうかという判断は難しいですし、自己満足になりかねないので、常に第三者の目線で見てもらうことがスキルアップの鍵になります。

　ライティングの学習＝AI活用というぐらいに割り切って、学習を進めていきましょう。

▶ AI翻訳の前に翻訳しやすい日本語を準備する

　DeepLやGoogle翻訳のような最新の機械翻訳シス

テムを上手に活用するためのポイントは、**日本語と英語の差異を意識した日本文**をつくるということです。

　具体的にどういうことかというと、日本語は基本的に主語を使わないで会話が成り立ちますよね。

「私は昨日買い物に行った」

「彼女は怒っていた」

　のように、わざわざ主語を言わないですよね？

　なので、そのまま翻訳してしまうと AI が迷ったり、勝手に違う主語を補ったりしてしまうことがあります。これは日本語と英語の言語の最も大きな違いであるとも言えるので、翻訳システムを利用するときは「私は」「彼・彼女が」などと主語を明確に補う必要があります。

　また、日本語ならではの「丁寧語」「謙譲語」などの婉曲表現も、AI を迷わす原因になります。こちらも落とし穴ですので、気をつけましょう。

　このように「英語にする」ことを逆算して、スッキリした日本語に整える作業を「プリエディット」と言います。

　たとえば、手紙で

「早春の折、皆様におかれましては」

　という決まり文句がありますが、これは AI では正しく翻訳できません。こういう複雑な日本語を思いついた場合は、

「あなたたちが元気なら嬉しいです。私たちへの手紙をありがとうございました」

のように、言いたいことを AI が訳しやすいように**単純化する技術が重要**になります。

これは実は AI でなくても同じこと。私たちの頭の中に翻訳エンジンが入っているとしましょう。最初の日本語は瞬時に英語にできなくても、単純化したあとの日本語なら訳せませんか?

他にも「二の足を踏む」は、すぐ英語が思いつきませんが、

「ためらう」ならすぐに hesitate という言葉が出てきますね。思いついた日本語を**英語に訳しやすい表現に変換する力**というのが非常に重要になってくるということです。

▶ 英語に訳しやすい日本語に直すときのポイント

プリエディットのポイントを以下にまとめておきますので、これらを意識して AI 翻訳を利用してください。

・適宜主語を補う
  例:昨日は疲れたな→私は、昨日疲れていました
・丁寧語は普通の文にする
  例:〜だと助かるのですが→〜してください
・日本独特な言い方を簡単な表現に置き換える
  例:竹を割ったような性格→さっぱりした性格
・日本的な時候のあいさつなどを入れず、端的に、そして論理的に内容をまとめる

▶訳しっぱなしは厳禁！
——書いた量だけライティング力は上がる

さて、先ほどのおさらいですが、

プリエディットした日本語を翻訳

↓

文法チェッカーに入れる

↓

直した英文を今度は日本語に逆翻訳する

↓

別の翻訳サービスで別の言い回しも確認してみる

英作文の訓練はこの繰り返しになりますが、最後の段階で終わり！とはいきません。この過程で表現をしっかり覚えようとしないと、AIがただ英語を生成しただけであって自分の勉強になっていませんよね。実際の試験ではAIは使えないので、自力で文章を書く力をつけなくてはいけません。きちんと自分の実力を伸ばすという視点を持って書いていかないとダメなんです。

そこで次の段階としてやっていただきたいのは、**英文を大量に自分で書くこと**です。書くと言っても、ここでも紙と鉛筆は登場しません。

特に中高生の皆さんにはぜひ「タッチタイピング」を習得していただきたいのです。紙に書いて勉強すると時間がかかりすぎるので、ぜひキーボードを見な

いでも打てるタッチタイピング、すなわちブラインドタッチを習得してください。できる人とできない人では処理できる量に圧倒的な差がついてしまいます。スマホの画面を使って、親指でちょこちょこやるより、キーボード入力だと、処理できる情報量が圧倒的に増えます。

　また、パソコンでは２画面を横並びに開いてマルチタスクで進めることができます。

　たとえば、左側に対話型 AI、右側に翻訳ツールを並べて開くことができます。このように、同時作業ができることがライティングではとても大事なので、年齢を問わず、タッチタイピングは英語学習のマストです。

▶ 英文タッチタイピングのコツ

　「英文タッチタイピング」を身につけるコツについて紹介しましょう。

　最初は A から Z までのキーボードの並びを覚えます。次に学校名でも会社名でも自分の名前でもいいのですが、単語単位で何回も打つ練習をします。

　アルファベットを指で覚えたら、次はよく使う接頭辞や接尾辞、be 動詞などの並びを練習していきます。「pre-」や「-tion」などを覚えていって、カタマリの単位でキーの位置を指で覚えていきます。最初のうちはスピードを気にするよりも、指の位置を正確に覚えましょう。まずは、ホームポジションに指を置いて、

そこからそれぞれのアルファベットを正しい指の動き
で押す練習をしましょう。指をキーボード上のホーム
ポジション、すなわち左手の人差し指は「F」キーの
上に、右手の人差し指は「J」キーの上に置きましょ
う。これがタッチタイピングの基礎になります。

　かつて私は、壊れたキーボードを使って、テレビを
見ながら手元でガチャガチャ練習していました。今は
もう1000円ぐらいでキーボードを買えるので、ずっ
と触っているのもいいと思います。それだけでタッチ
タイピングをマスターできるはずです。もちろんタッ
チタイピング用のフリーソフトもたくさんありますの
で、それらを使って指とキーボードの位置の感覚をと
にかく覚えていきましょう。

≪　Point　≫

- 機械翻訳を用いる際は、AIが英訳しやすい日本
語を入力しよう
- 「AIが英訳しやすい日本語」のために、適宜主
語を補い、日本語特有の言い回しや丁寧な表現、
時候のあいさつを単純な文章に改める
- 「英作文のチェック」の次の段階は、自分で大量
に英文を書くこと。ぜひ、ブラインドタッチを習
得しよう。まずはスピードよりも、指の位置を正
確に覚えることが大事

▶英文エッセイの構成の基本

それでは、エッセイの具体的な書き方の話に移っていきましょう。

エッセイの構成などは対話型 AI に依存してしまうと危険なので、自分できちんとエッセイの構成というものを把握しましょう。

ではまず、環境問題といったことをテーマに書いていくとしましょう。たとえば、

「世界の首脳が率直に話し合って妥協することが重要である」

と「主張」を決めたら、そのあとにその理由を述べていきます。「理由」は一つでも二つでもいいのですが、それぞれに具体例をつけます。そして最後に自分なりの「結論」を持ってきます。

主張→ I believe…「私はこう考える」

理由→ Firstly…「はじめに」

結論→ In conclusion…「まとめに」

エッセイの論理をわかりやすく構成していくために便利なのが、**英文の流れを示す目印となる「ディスコースマーカー」**です。

たとえば「順接」の場合には、therefore、that's why のような表現を用います。「逆接」の場合には、however, yet を使います。また、前後で対比する場合には「それとは対照的に」という意味の in contrast

を使います。

　そして、各パラグラフの構築が英文ライティングでは非常に重要になってきますので、きちんと押さえておいてください。

　典型的なパラグラフ構成としては、最初に「トピックセンテンス」を置きます。これは主張の要約文で、抽象的なものになります。そしてそれを支える具体的な「サポートセンテンス」とセットで論じていきます。抽象的な「トピックセンテンス」を具体的な例で補助していきます。

　たとえば

「環境問題が深刻化している具体例と世界で起こっているさまざまな問題」

　とすると、上記が抽象的な「トピックセンテンス」となります。このあとに、「大気汚染」「森林伐採」「気温上昇」など具体例を続けます。

　この流れを基本にして、エッセイを書く練習をタッチタイピングでひたすら行います。

　書き終えたあと、それが正しい文章なのかどうかを確認するために対話型 AI の活用をお忘れなく。最初に直接 AI に評価させる方法をご紹介しましたが、もう一つの活用方法があります。

▶ AIの作成したエッセイと比較する

　それは、AI の作成した英文と自分の英文を比べて

みることです。

　たとえば、次のような問題があるとします。
「以下の構成で世界の水不足を解決するための方法を
テーマにしたエッセイを英語で書いてください。
1：I believe
2：Firstly
3：Secondly
4：In conclusion」

　これで出てきた英文を自分のものと見比べてみる
と、意外な発見があったりするので、参考に使ってく
ださい。

　ただ、これはあくまでも「自分の英文を見比べるた
め」に利用してください。依存しすぎると、自分で思
考して書くという肝心なライティングスキルがいつま
でも磨かれません。この全体の枠組みさえわかってい
れば英文は書けるようになります。細かいところは
AIに任せるとして、
・枠組みを知る
・アイディアを出す
　というところは必ず押さえておきましょう。

　以下がAIが生成したエッセイです。あくまでもモ
デル文ですが、それぞれの表現の使い方の実例を知る
ことができます。このエッセイを生成したプロンプト
は以下の通りです。

I believe that the environment is very important. It gives us air to breathe, water to drink, and food to eat. Without a good environment, we cannot live healthily.

Firstly, trees and plants are a big part of the environment. They make oxygen which we need to breathe. When we cut down too many trees and don't plant new ones, we can have problems. The air becomes dirty, and there is less fresh air to breathe. We should plant more trees and take care of the forests.

Secondly, water is also very important. We need clean water to drink. But sometimes, people throw trash in rivers and lakes. This makes the water dirty and bad for our health. We should not waste water and always keep it clean.

In conclusion, the environment is very important for our life. We should protect it by planting trees and keeping water clean. This way, we can have a better life and a beautiful world to live in.

　第1パラグラフで環境の重要性とその理由を打ち出し、第2、第3パラグラフで、それを二つの視点から具体化しています。そして最後のパラグラフで主張をもう一度打ち出し未来への展望へとつなげているわけです。A1レベルで指定したので、内容は少し幼稚ですが、逆に構成の仕方はわかりやすいですね。

```
《 Point 》
■エッセイの基本は「①主張②理由③結論」
■AIにも同じテーマで英作文をつくってもらい、自
　作のものと比較する
```

▶英語でマインドマップをつくる

　英作文の「構造」についてはわかった。でも、肝心の「書く内容」は、どうやって考えればいいの？と思っている方もいるかもしれません。そんな方のために、私のやり方を紹介したいと思います。

　私は普段エッセイやブログのアイディアを出すために「マインドマップ」「バブルチャート」を活用しています。アイディアを出すための一つの有効な方法として**英語でマインドマップを書いてみる**ということを皆さんにも取り入れていただきたいです。

　マインドマップとは、文章を書く前に論理を構築するための一つの方法です。いきなり文を書き始めても、論理があっちこっちにいって整理されず、伝わりづらい文章になりがちなので、マインドマップは、文

章を順序立てて構築する手助けになります。

　AIに書かせるにしても、自分が書くにしても、ま
ずは何を言いたいか、どういう順番でどういう論理で
言うのかを構築していかなければなりません。そのた
めに非常に便利なのがマインドマップなんです。

▶マインドマップの書き方

　まず一番大きなテーマ、つまり一番の主張したいこ
とを真ん中のバブルに書きます。そのバブルから線を
伸ばして、その理由や根拠をいくつか書いていきま
す。

　枝分かれはいくつさせてもいいのですが、実際に
エッセイを書く際にはその中から二つくらいを厳選し
ます。その取捨選択する力もとても重要になってきま
す。絞った二つの理由を補強するために、また線を伸
ばして、具体例を書いていきます。具体例も文章には
一つ二つしか書けないので、枝分かれの中から絞って
いきます。

　そうすると、自分の言いたいこと、それから伸びた
二つの理由、二つの具体例が出てきます。この出てき
たアイディアを使って英文を構築していきます。

　マインドマップの真ん中のバブルが、先ほど言った
最初の「トピックセンテンス」に当たります。そし
て、そこから分かれた枝が「サポートセンテンス」に
なるのです。

　このようなバブルチャートを作成することで、俯瞰

してコンテンツを見ることができて、論理的にまとめていくことができます。

　ただし、元のバブルまで AI につくらせてしまうと、紋切型のものしか出てこない可能性が高いので、バブルの根幹は人間が面白いものをつくらないといけないと思います。それでこそ **AI に頼っているのではなく、こちらが AI を活用している**、ということになります。AI を適切なところで活用してこそ、勉強なり仕事なりをサクサク進めることができるのです。

　このような枠組みをしっかり決めた上で、AI ツールを活用しながら自分なりの英語をどんどん書いていきましょう。それが令和の英作文だと思います。

　マインドマップの内容をテキストで説明します。以下は「EV（電気自動車）は普及するか」というトピックに基づいたマインドマップの例です。

中心トピック：

　・EV は普及するか？

第１階層のサブトピック：

　1．EV のメリット
　2．EV のデメリット
　3．インフラの整備度
　4．業界の動向
　5．社会的影響

第2階層のサブトピック:

1．EVのメリット
- 環境に優しい
- 運用コストが低い
- 静かな運転音

2．EVのデメリット
- 初期投資が高い
- 充電インフラがまだ不十分
- 充電時間が長い

3．インフラの整備度
- 都市部の充電ステーションの数
- 地方部のアクセス性
- 高速道路沿いの充電施設

4．業界の動向
- 主要自動車メーカーの動き
- 技術の革新と進化
- 新興企業の参入

5．社会的影響
- 環境問題への意識の高まり
- 政府の補助や奨励策
- ガソリン価格の変動

　これはマインドマップの基本的な例ですが、さらに詳細を追加したり、関連するサブトピックや要因を組み込むことで、より複雑で詳細なマインドマップを作成することができます。

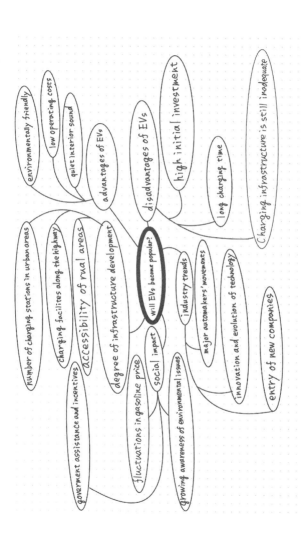

```
        ≪  Point  ≫
■「書く内容」を集めて整理し、理路整然とした文
 章にするためには「マインドマップ」がおすすめ
■真ん中にバブル、つまり「一番主張したいこと」
 を置いて、そこから四方八方に枝分かれさせる
```

▶ AIでのネタ探しは英語での指示出しが必須

　また、「エッセイを書く」「英作文をする」というと
「何を書いたらいいのかわからない」という生徒さん
がいらっしゃいますが、ここでも言語生成型 AI が活
用できます。

「英作文のための面白いテーマを 10 個提案してくだ
さい」

　と尋ねればよいでしょう。

「高校生にとって」「大学生に向けて」などと追加す
れば、そのレベルに合ったものが提案されるはずで
す。ここは時間をかける必要のない部分ですので、
AI の活用がおすすめです。

　ただし、できるだけ**英語でプロンプトを書くように**
しましょう。プロンプトとは AI から回答を得るため
の指示出し文のことです。

　残念ながら対話型 AI においては、日本語の質や情
報量は英語よりも劣っています。

　たとえば、
「福岡県宗像市の観光地について教えてください」

と入れてみると「海の中道海浜公園」のように、宗像市にはないものが入ってきます。

反対に

「ニューヨークの観光地について教えてください」

と言えば、それなりに正確な情報が出てきます。もちろん今後どんどん改良されていくとは思いますが、まず英語から進化していくという事実を前提に使っていきましょう。Open AI のサーバーはサンフランシスコにあり、日本語で入力しても、英語のデータベースを参照して日本語が生成されるわけですから、日本語がより不自然で不正確なものになるのは仕方がありませんね。生成 AI の標準言語は英語なので、できるだけ英語を使ったほうが、生成 AI は上手に使えます。（2023 年 3 月現在）

▶ 対話型AIで英作文特訓

生徒から「SNS チャットで英語の練習をしているが、間違っても誰も直してくれない」と相談を受けたことがあります。私は「なら、対話型 AI とのチャット」をしたらどうかとアドバイスしました。

たとえば、

I eat a pie yesterday. It's very good.

そして最後に必ず、

Correct my English.

と入れます。そうすると、

Here is the corrected page of your sentence. I ate

a pie yesterday. It was very good.

のように直してくれます。続けて、

「日本語で解説してください」と入力すると、下記のようにバッチリ解説してくれます。

「『I eat a pie yesterday. It's very good.』という文章は、英語として正しくありません。正しくは、『I ate a pie yesterday. It was very good.』となります。動詞の過去形を使う必要があるため、eat の過去形である ate に変える必要があります。また、『It's』は『It is』の短縮形であり、過去形である『It was』に変更する必要があります」と教えてくれました。

SNS で人と交流することもとてもいいことですが、ライティングの観点では、対話型 AI とチャットする感覚で英文を磨いていくといいと思います。

≪ Point ≫

■ 何を書けばいいかわからないときは、AI にテーマを出してもらう。ただし、英語でプロンプトを書いたほうがよい

■ 対話型 AI と対話するとき、"Correct my English" と入力すれば、誤りを正してくれる

▶ AIの出現により、「できる人」「できない人」の差がさらに広がる

一方、世界各国の教育現場から、AIで課題をこなすことを問題視する声が上がりました。学生の中に

は、与えられた課題をそのまま対話型AIに入力して、その答えをそのまま提出する人もいます。

　しかしそれは、自身の能力の向上にはつながらず、意味のない時間になります。**自分の頭脳を向上させるためにAIを使う人はどんどん頭が良くなり**、怠けるためにAIを使う人たちはどんどん頭が悪くなっていくということになるでしょう。皆さんにはぜひ前者の「AIを使いこなして、頭が良くなり続ける人」になってもらいたいと思います。

　対話型AIは人間の頭脳の増幅装置のようなもので、その使用は人間主導であるべきです。ネタを与えてうまく活用して、どんどん知識を得ていく人と、与えられた仕事をAIで処理してごまかしてしまう人。これからこの二つのタイプに、分かれていくかもしれません。

▶ 自分の頭とAIを組み合わせる

　私自身、時間をかける必要のないことはAIを使い、仕事などにおいて重要な部分は自分の頭で考えるといった**ハイブリッド方式でAI活用**をしています。ですから、英語などの技能を身につけるには、自分の頭とAIを組み合わせるようなやり方がこれからの標準になってくるでしょう。

　これからのライティングで必要なのは、AIには出せないような独創的なネタを思いついて、面白い理由や具体例を挙げて、人を魅了する文章を書く力です。

AIにできることとできないことをよく意識して、人間にしかできない部分を強化していきましょう。

　また、英語でプロンプトを書くくせをつけていると、AIがうまく答えてくれるように試行錯誤しているうちに、英語の質問力も並行して磨かれていきます。

　時代の流れにあらがうのではなく、うまく使いこなし、順応していくことが、特に若い皆さんには重要だと思います。

≪ Point ≫

- ■ AIを自分の頭脳を向上させるために使う人と、ごまかすために使う人。その差はとんでもなく広がる
- ■ AIにできることはAIに任せ、AIには出せないような独創的なネタを考えることに注力する

特別講義　世界を変えた偉人の名言から学ぶ英語④

スティーブ・ジョブズの名言

Appleの共同創始者の一人であるスティーブ・ジョブズ (Steve Jobs　1955-2011)。1977年に発売した「Apple II」によって、一部の人だけが使う特殊なマシンだったパーソナルコンピュータを、一般の人々にも浸透させました。1984年には、視覚的なインターフェイスとマウスを使った操作方法を導入した「Macintosh」(現在のMac) を発売。その後一時的にアップル社を離れますが、1997年に復帰。その後はiMac、iPod、iPhone、iPadなどの革新的な製品を相次いで生み出し、デジタルエンターテインメントと通信に変革をもたらしました。

Don't **let** the noise of others' opinions drown out your own inner voice. ◀

他人の意見という騒音によって自分自身の内なる声をかき消されないようにしなさい。

この文では let という動詞に注目しましょう。「Let It Be」や「Let It Go」という曲のタイトルとしてもおなじみの動詞ですが、皆さんはこの動詞の意味と使い方を知っていますか？　この動詞は、直後に目的語と原形動詞を伴って用いられます。そして「目的語に〜させてやる」「目的語に〜させておく」という意味なります。許可や放任を表して使われるわけです。だから、「Let It Be」だと「状況をそのままにしておけ」という意味になります。「Let It Go」は『アナと雪の女王』（Frozen）の主題歌ですね。気持ちを抑えて生きてきたエルサが「気持ちを解放しよう」という場面で歌われていました。この文では、「他人の声が自分の気持ちをかき消すことは許してならない」という意味をこの let という動詞を用いて表しているわけですね。成功者の多くは、人と違ったことをするのを恐れません。周りの雑音を振り切った人だけが成功者になることができると言っても過言ではないでしょう。あなたが、勇気を持って「〜をしたい」と言ったとき、周りからの最初の反応は「無理だよ」とか「やめておけ」とかそんな言葉ばかりでしょう。でも、自分の人生は自分の人生なのです。ジョブズのように自分の心の声だけを聞く勇気を持ちましょう。

If today **were** the last day of my life, **would** I want to do what I am about to do today? ◀

今日が生涯最後の日だとしたら、今日やろうとしてい

ることがしたいか？

この文では、仮定法が使われています。仮定法とは、現実には極めて可能性が低いことに対して「もしも …… ならば、〜だろう」という意味で用いられる表現のことです。現在のことを仮定する場合には、if 節の動詞を過去形にします。また、主節では would や could のような過去形の助動詞を用います。今日が人生最後の日である可能性は極めて低いですよね。だから仮定法が使われているのです。仮定法では was の代わりに were が使われることもあります。違和感があるかもしれませんが、この違和感こそが仮定法っぽい感じを出しているんです。この文と同じようなことを、あのガンジーも仮定法を用いて言っています。

Live **as if** you **were to** die tomorrow. Learn **as if** you **were to** live forever. 🔊
明日死ぬかのごとくに生きなさい。そして永遠に生きるかのように学びなさい。

ここで用いられている as if という接続詞は「まるで〜であるかのごとく」という意味で、直後に仮定法を用いることがあります。明日死ぬことも、永遠に生きることも極めて可能性が低いですよね。だから仮定法が使われているのです。if S were to V という表現は、未来において実現可能性が低いことに対して使われる

表現です。

私の大好きな映画に『いまを生きる』という映画があります。故ロビン・ウィリアムズ氏の名演が光っています。この映画の中では、ラテン語の Carpe diem という言葉が何度も出てきます。この言葉の意味は、英語では Seize the day. つまり「今この日をつかめ」「今を生きろ」ということです。

日々忙殺され、流されていると、人間の生命が有限であるという事実を忘れてしまうことがあります。でも、私たちが永遠に生きることはありません。だからこそ、今、この瞬間を無駄にせず、自分の人生の意味を最大化することが重要なのです。

The people who are crazy enough to think they can change the world are the ones who **do.** 🔊
世界を変えられると思うくらい狂気じみた人たちこそが、実際に世界を変える人たちなのだ。

ちょっと構造が複雑な文ですが、ジョブズの考えが凝縮された文になっていますね。world までは主語の部分で、are が述語動詞ですね。ここで注目したいのは、最後の do という単語です。これは代動詞と呼ばれるもので、同じような動詞句が繰り返し使われるのを避けるために使われます。ここでは、どの動詞句の

反復を避けていると思いますか？　そう、change the world です。皆さんもお気づきの通り、インターネット出現以降の成功者たちは、いい意味でクレイジーな人が多いですよね。昭和の時代の典型的な指導者ではなく、周りに合わせずに、自分の道を突き進む人が多い。現代のリーダーにはクレイジーさも求められているのです。

その後、彼は NeXT Computer と Pixar Animation Studios を創設。Pixar は『トイ・ストーリー』などの大ヒット映画を生み出し、彼の経営者としての実力が改めて証明されました。

Remembering that I'll be dead soon is **the most** important tool **I've ever** encountered to help me make the big choices in life. ◀
もうすぐ死ぬということを思い出すことが、人生の大きな選択をする上で私が出会った最も重要なツールである。

この文も複雑な構造の文ですね。soon までは主語の部分、is が述語動詞です。to help は形容詞の働きをする to 不定詞で tool を修飾しています。さて、この文のポイントは、最上級と現在完了形の組み合わせで「これまでに経験した中で一番〜」という意味を表しているところです。たとえば、This is the most beautiful photo I've ever seen. と言えば、「これは私が今まで見た中で一番美しい写真だ」という意味になります。同じようにジョブズは、「人生の選択をするために、死を実感したことが、それまでに遭遇した中で最も重要なツールになった」と言っているわけです。人生100年時代と言い、老後のことばかり心配している私たちですが、死が目前に迫ったら、皆さんはどうしますか？　今までやりたかったすべてのことをやってしまいたいですよね。ジョブズは、死をも励みにして前進したのです。

第6章

感動するほど
読み取れる
リーディング学習法

ゴールは「耳で聴いてわかる」こと

▶ 近道をしようとしすぎるから、 いつまで経っても英語が読めない

リーディングの学習方法には「精読」「多読」「速読」「スキャニング」などがあり、どれが一番大事ですか？という質問をよく受けます。これまで本書を読んできた読者の方はもうお気づきかもしれませんが、そうです「どれも大事」なんです。言語の学習はいろんなものを**バランス良く必要なだけうまく配分して**やらなければならない、いわばバランス曲芸のようなものです。

リーディング一つをとってみても、精読、多読、速読などのどれか一つだけをやればいいとか、そんな単純なことではないんです。「これだけやれば大丈夫」などという謳い文句の、単純化した学習法で語学が身につくことなどあり得ないと思っています。

「早くできるようになりたい！」という熱量がある人ほど、気持ちが焦ってしまい、単純化した方法を選択してしまって、かえって遠回りになってしまう可能性があります。

日本は、島国なので英語を話す必要性がそれほどないにもかかわらず「英語は話せないといけない」という世間のプレッシャーがあり、「早く英語を話せるようにならなければ」と焦っている人がとても多い国です。

その一方で、諸外国に比べると英語が話せる人が極めて少ないという矛盾した事実もあります。これはな

ぜかというと、皆さんが焦るあまり、近道をしようと
しすぎてしまうからです。今回私がお話ししている学
習法は、実はすごくベタな学習方法なんですが、帰国
子女や留学生ではなく、英語を話せるようになってい
る人はこういう**ベタな内容をしっかり着実**にやってき
たんです。

　すぐにでも英語を身につけたいという気持ちはわか
るのですが、「一つのことだけをやる」というのは初
心者には危険なやり方だと思います。もちろん、効果
のある学習法を自分で見つけて、目的に向かって絞り
込むのであればいいのですが、ある一つのやり方だけ
を最初からひたすらやるというのは、おすすめしませ
ん。**多読・精読・速読など、各分野の量を制約してバ
ランスよく**やるのが重要です。

《 **Point** 》

■リーディングの学習方法には「精読」「多読」「速
　読」「スキャニング」などがあるが、どれも大事。
　バランス良く、しっかり着実に行うのが上達への
　一番の近道
■帰国子女や留学生ではなく、英語が話せるように
　なった人は、ベタな学習を着実にやってきた人

▶ **精読＝翻訳ではない**

　まずは精読についてお話ししていきます。精読と
は、文章中の単語や文法を理解しながら、じっくりと

163

読んでいくことです。

　いきなり多読、速読をやるぞ！と主語や述語、修飾部分や被修飾部などもわからないまま、単語だけをかいつまんでも、そのストーリーをきちんと理解することは無理だと思います。構造も単語やフレーズの意味もわかっていない文をむやみに暗記しても効果は薄いでしょう。まずは、文の構造と単語やフレーズの意味を理解することが大切です。このような読み方を、一般的に精読と言います。

　子どもでも読めるような絵本なら別ですが、文の複雑さや抽象度が上がってくると、やはりある程度文章の構造を理解した上で読んでいかなければなりません。きちんと**文の構造を意識しながら、丁寧に意味を理解するのが精読**です。日本語に訳すことを精読だと勘違いしている人が多いのですが、日本語に訳すという「翻訳」は、**文の構造を理解して読むという精読とは違う技法**なので、そこは注意しましょう。

"Be the change you wish to see in the world."
———— Mahatma Gandhi

　たとえば、この英文を「be 〜である」「change 変化」「wish 望む」「see 見る」「world 世界」と単語をつなげて推測するだけでは、意味は正確にはつかめません。

　Be が命令文であり、the change という名詞を you

wish to see の部分が修飾しているという構造がわかって初めて、正確に意味が理解できるわけです。

　あえて日本語に直訳すると「世界の中に見たいと思っている変化になりなさい」ということですね。こうやって構造がつかめることによって初めて「世界の中に変化を望むなら、その変化を自分自身でつくり出しなさい」という真の意味がつかめるわけです。適当に単語をつなげるだけでは、正確な意味はわかりません。

▶「精読」素材選びのポイント

　精読に関して出ている本はいろいろありますが、適切な解説量の参考書がおすすめです。参考までに基準は、英文1パラグラフに対して、2～3倍程度の日本語解説がついているものがいいと思います。1パラグラフの英語に対して10倍も20倍も説明しているということは、初心者には不要なところまで説明している可能性が高いので、入門書としてはおすすめしません。

　その解説を読んで英文の理解を深めていけばいいのですが、ただ、解説を読んで理解して終わり、ではなくて、**解説を読んで理解したら、音もきちんと聴き**ましょう。音読をしながら直読直解ができるようになったら、今度は耳で聴いて理解する。ここがゴールになります。英語のまま、しっかりと意味が染み入ってくるようになるまで聴き込みましょう。

1：解説を読んで英文の理解を深める

2：音を聴く

3：音読しながら直読直解をする

4：耳で聴いて理解できるかを確認する

　精読はこの一連の流れでやっていくといいと思います。

```
《 Point 》
■「精読」は、単語や文法、そして文の構造を理解
　しながら読んでいく。音もきちんと聴く
■精読テキストは、1つのパラグラフに対して、2
　～3倍程度の日本語の解説がついているものが
　望ましい
```

▶読むときも「左から右へ」理解していく

　前述した通り、修飾語と被修飾語の順番が英語と日本語では逆です。ですから、日本語を使って理解するときに、どうしても後ろにくる部分から先に入って、被修飾部分へ後ろから前に戻ってくるというようなことが起こります。

　たとえば、

This is the company he established ten years ago.

　という文があったとします。日本語だと、

「これは彼が10年前に設立した会社です」

　のように後ろから「会社」に戻ってきますよね。

　しかし、英語のネイティブスピーカーは、

This is the company まで1回理解して、そのあと
he established を理解して、ten years ago を理解して
いくという思考プロセスになります。**つまり修飾部分
を追加で理解していく**わけです。決して毎文毎文後ろ
から前に戻っているわけではありません。ネイティブ
との会話において、同じスピードで理解するには、こ
の思考プロセスが非常に重要になってきます。

　ですから、後ろから戻ってという「和訳」的なやり
方を繰り返していては、一歩進んだリーディングには
なかなか至ることはできません。精読を速読に結びつ
けていくためには、「チャンク」もしくは「センスグ
ループ」などと呼ばれる**単語のカタマリごとに理解し
ていく**くせをつけてほしいのです。

　先ほどの例を繰り返しますと、This is the company、
ここまででまず1回理解して、he established、ここで
理解して、ten years ago を理解する。この文であれ
ば三つのチャンクで、左から右に順に理解していく、
つまり、被修飾語の後ろにくる修飾部分が説明部分
だと理解していくことが重要です。精読でも、日本語
の順番で理解するのではなく、チャンクごとに理解し
ていく頭をつくっていくことです。そのため、最初は
日本語で理解するにしても、不自然な後付けの日本語
に訳していくみたいな形で練習していくことになりま
す。

「This is the company、これは会社である。he established、

彼が設立した。ten years ago、10 年前に」というように流れていくような形で理解するのです。この方法を sight translation、サイトランスレーション、略してサイトラとも呼ばれますが、日本語の順番は左から右のままで構いません。最終目的は、日本語を挟まずに英語で意味を理解することですが、慣れるまでは、日本語を入れることで、意味を考えずにデタラメに読むのを防ぐことができます。日本語の補助を借りるのは、あくまでも、直読直解するための初期トレーニングとし、ここをゴールとしないように気をつけましょう。

```
《 Point 》
■ リーディングのときも「左から右へ」理解してい
  く。修飾部分を追加で理解する読み方
■「チャンク」もしくは「センスグループ」などと
  呼ばれる単語のカタマリごとに理解する
```

▶ 最終目標は「耳で読める」ようになること

　速読も同じ流れでやっていくのですが、精読においても速読においても目標をどこに置くかということが非常に重要です。英語リーディングの目標は、ズバリ目だけでなく**耳で聴いてわかる**ことです。

　読解の目標を目で読めることにしてしまうと、まやかしの実力しか身につかない可能性があります。どういうことかというと、「読解」だから目で読めればい

いだろう、と思うかもしれませんが、目というのは文章を後ろから戻って見ることもできるし、止まることもできるんです。つまり目で読むときは、本来のあるべき英語の読み方でなくても、止まって日本語で考えたり、後ろから戻ったりもしてしまいます。もちろん速度は遅くなります。「速く読めるようにならない」原因にもなってしまうんです。

　一方、**耳で聴くときには、絶対後ろから戻れない、つまり左から右にしか行きようがないんです**。リスニングでは、その速度に絶対ついていかなければならず、日本語にも訳している暇はありませんよね。ですから、耳で聴いてわからないってことは、結局本物の読解はできていないということになります。

　読解ができているのであれば、耳で聴いてもわかるはずです。反対に耳で聴いてわからないものは、読んでわかっているつもりでも、実は読めていないということになります。ですから読解の勉強をしているのに、いつまでも読解できている実感がないのであれば、ゴールが間違っている可能性があります。耳で聴いてわかるかどうかをリーディングの学習が完了したかどうかをチェックする評価基準にするといいでしょう。

▶ 耳で聴いてわかれば、同時にリスニングもできる

　「耳で聴いてわかる」ことのメリットは、それが達成できれば同時にリスニングもできるようになることです。

　たとえばオー・ヘンリーやヘミングウェイなどの短

編を一つ、読解の学習をした、つまり耳で聴いてわかるようになったとします。通常、1回だけ読解の勉強をしても、単語、熟語、身につけた技術などは、使うことがなければすぐ忘れてしまいます。当たり前のことですね。ところがこれが耳で聴けるようになるということは、**常にどこでも復習できるということを意味します**。リスニングを鍛えるだけではなく、オーバーラッピングなどのスピーキングにもつなげていくことができます。音声と読解が結びつく。これはすなわち、読解学習の加速装置となります。

　私自身も、耳で本を読むのを習慣化しています。英語だけではなく、日本語の本でも多くのオーディオブックがありますが、私は、日本語は倍速、英語だったら 1.2 倍速ぐらいで聴いて、仕事の合間、移動時間、朝の支度のルーティン中など常に耳から情報を仕入れています。これなら、どれだけ忙しくても、毎日短い本なら、1 冊は耳で読むことができるんです。

　同じ本を目で読もうとすると、手を止めて、本を読むわけですから「ながら」で読むというわけにはいきません。文章を耳で理解することができるようになれば、自分のスキマ時間に活用することができるので、タイパは非常に良くなります。受験生から社会人まで役に立つ、あらゆる科目でタイパを上げる学習法です。

《 Point 》
- 英文を耳で聴いているときは、後ろから前へ遡(さかのぼ)って理解することはできない。英語の順番通りに理解することになる
- 音声と読解が結びつけば、どこでも復習することができる

▶チャンクリーディングとシャドーイングで速読訓練

　リーディングに慣れてきたら、ある程度のスピード感を持って読む「速読」を練習しましょう。

　速読のやり方ですが、チャンクごとに英語を読んでいきます。左から右に英語を英語のまま、理解することに慣れないうちは、必要悪として日本語を使って練習してもよいでしょう。でも、最終的には日本語を消して英語のまま理解することがゴールであることを忘れないように。

　チャンクごとに読む→頭の中で日本語に訳す→英語を読んで頭の中で日本語に訳す

　を繰り返して速読していきます。この語順に慣れてきて、読むスピードも上がってきたら日本語の訳を省いて、英語を英語のまま理解していきましょう。素材英文のレベルにもよりますし、読者の皆さんの学習到達レベルにもよるので、日本語を挟むか、挟まないかは状況に応じて変えていいと思います。日本語は極力挟まないで練習できるよう、レベルを工夫してみてく

ださい。

　そして次に「リピート音読」にチャレンジしてみましょう。目で英文を追いかけて、理解できるかどうかを試してみてください。チャンクごとにポーズの入った、リピート音声が入っている教材がおすすめです。

　たとえば、

This is the company / he established / ten years ago.

　と、チャンクごとに音読して理解していきます。もちろん、ここでは日本語に訳さずに英語のまま意味を捉えます。その次に、文字を見ないで音声だけを聴いてリピートをして、意味がわかるかどうかをチェックしていきます。そして仕上げに、ポーズの入っていない音声を聴きながら、オーバーラッピング、つまり口を動かして一緒に文字を読み、その速度で直読直解できるかどうかを試します。

　速読のトレーニングはここまでで十分だと思いますが、さらに余力がある方は、シャドーイングにも挑戦してみてください。何も見ないで長文音声を声に出して追いかけ、意味も理解するということです。これはリスニングにもスピーキングにも役に立つ勉強法なので、自信がある人はやってみてください。長文のシャドーイングは慣れた人でもとても難しいものですので、最初はできなくても心配する必要はありません。チャレンジ気分でやってみましょう。私は、シャドーイングは上級者のオプションとしてすすめています。

初心者や中級者の皆さんでシャドーイングに挑戦する
場合には、長文ではなく、短文にしておいたほうがよ
いでしょう。また、ゆっくりと読まれたものでやると
よいでしょう。

> 《　Point　》
> ■ チャンクリーディング…チャンクごとに読んで、
> 日本語に訳して理解する。慣れてきたらスピード
> を上げて、英語のまま理解する
> ■ 長文のシャドーイング…何も見ないで長文音声
> を声に出して追いかける。とても難しいので、
> チャレンジ気分で

▶ 多読は細部を追求しすぎず、「接触経験」を増やす

　さて、語学学習において非常に重要なのは、exposure、
「暴露」です。つまり、「経験」を積むことです。接触
した経験を重ねていけば、その言語に対する抵抗が薄
れていき、処理が速くなります。その exposure を増
やしていくためにも「多読」を行います。

　多読・多聴というのは、読んで字のごとく、たくさ
ん読んでたくさん聴くことですが、基本的には自分が
精読や速読で達成した英語力よりも２段階ぐらい下、
英検でいえば１級か２級ぐらい下のレベルの英語素材
を使うといいでしょう。また、自分が興味のある分野
でなければ長続きしませんので、読んでいて楽しいと
思えるような内容のものを選びます。

「多読」に関しては、あくまでも読解の訓練なので音がついていないものでも構いません。しかし、最近ではタブレットで音を聴きながら学習できる多読教材もありますので、そのようなものを活用するのもよいでしょう。レベルのあまり高くない、多読ノベルみたいなものはたくさんありますので、自分が積極的に読み進めたくなるようなものを選びましょう。多読ノベル以外にも一度見たことのある映画のノベライゼーションでもいいですし、途中で飽きずに読了できそうなものを選びます。

多読をするときには、わからない部分があっても飛ばしても構いません。わかるところだけを拾って「つまみ読み」してもいいですし、読めるんだったらしっかり読んでもいいし、**面白くなかったら途中でやめても OK** です。そういう形で、とにかく英語に触れる経験、全部わからなくても、ストーリーだけわかればいいや、のような感覚で、**言語と触れる経験を重ねていく**というのが多読の方法です。単語に関してもいちいち調べたりせず、**追求しすぎないのが多読のポイント**です。本だけではなく、アニメや外国の映画の英語字幕を表示して、わかる部分だけつまんで観ていくのも、多読の一種だと思います。

これをリスニングに当てはめると多聴ということになるわけですね。いちいち止めて、単語を確認するのではなく、なんとなくあらすじがわかるぐらいのものを何度も何度も聴くことで、英語に対する反射神経を

鍛えていきます。こういったトレーニングが多読・多聴です。ポイントは、わからないところを調べて時間を止めるのではなく、経験を増やすのが目的であることです。

多読のコツ

・興味のある素材を選ぶ

・わからなくても調べずに進める

この二つのポイントを必ず押さえた上で、たくさんの英語をインプットしていきましょう。

```
《 Point 》
■ 多読・多聴は、英語に多く触れるためのもの。
  わからないところで止めて単語を調べたりしない
■ 今の英語力より２段階ほど下のレベルの、興味
  が持てる素材を選ぶ
```

▶ スキャニングで情報を取捨選択する

この多読・多聴をすることで、膨大な情報から重要なことだけを抜き出す力も身についていきます。精読、速読は「きちんと読むこと」と述べましたが、実際日常生活の中で、常にきっちり情報をすべて読み込むとは限りません。

たとえば、Web サイトやショッピングページなどを見ているときに、サイトをすべて精読、速読するなんてことはあまりありません。新聞でも雑誌でも、重

要な情報と重要ではない情報を切り分けたり、見出しを見て重要だと思ったところだけを深掘りして読んでいきますね。

　つまり自分に必要な情報をスキャンするわけですね。これをスキャニングと言いますが、TOEICテストや共通テストといったテストでは、設問に関連した部分を集中して読んでいって情報をつかみ取ることが非常に重要です。ですから日常生活でも、テストでも、多くの情報の渦の中から必要な情報をつかみ取る力は非常に重要なんです。

　特に今はネットなどの情報に溢れている時代ですので、次々に更新される情報にスピード感を持ってついていく必要があります。情報を取捨選択するスキャニングの力を自ら身につけるためにも多読・多聴が非常に有効です。

　たとえば、英語字幕を見ながら映画のストーリーを理解しようとするならば、字幕すべてを同じペースで同じ集中力で読むわけにはいかないですよね。わからないところは捨ててでも理解するというのは、今後もっと加速していく情報社会を生き抜くために必要なスキルです。

　このように精読も多読も速読も、それぞれ得られる効果が違いますので、どれも外せません。私もすべてをやってきましたし、英語ができるようになった人は全部やっていると思います。バランス良く、できることからコツコツ始めていきましょう。

《 Point 》

■ 多読・多聴をすることで、膨大な情報から重要
　なことだけを抜き出す力も身につく

■ 日常生活でも、テストでも、映画を見るときも、
　情報を「捨てる」スキルが大切

世界を変えた偉人の名言から学ぶ英語⑤

マララ・ユスフザイの名言

2014 年に史上最年少でノーベル平和賞を受賞したマララ・ユスフザイ（Malala Yousafzai 1997-）は、特徴的な表現がある心揺さぶるスピーチで、女性の人権を訴えました。

2008 年から始まった、パキスタンにおけるタリバンの圧政に対抗するため、マララは 11 歳で匿名のブログを立ち上げ、女性の教育権利を訴え続けました。しかし 2012 年 10 月、彼女の乗っていたスクールバスを複数の男が銃撃。マララは頭部と首に計 2 発の銃弾を受けますが、奇跡的に生き延び、その後も女性の教育への投資や機会の拡大を世界に訴えています。

With guns, you can kill terrorists. **With** education, you can kill terrorism. ◀

銃を使えば、テロリストを殺すことができる。教育を使えば、テロリズムを撲滅することができる。

with という前置詞に注目してみましょう。初めて
with を習ったときには「〜といっしょに」という意
味だったと思います。ただ、with に限らず、前置詞
はさまざまな場面で、さまざまな意味で用いられま
す。この文で「〜といっしょに」と解釈すると通じま
せんよね。ここでの with は、道具や手段を目的語と
して「〜を使って」という意味で使われています。同
じ文体を二度繰り返し、terrorists と terrorism を同
リズムの中で繰り返すことによって強いインパクト
を出しています。ここで、マララは、テロリズムを教
育という武器を使って根絶することを訴えかけていま
す。

When the whole world is silent, even one **voice**
becomes powerful. ◀
世界中が沈黙しているとき、たった一つの声でも強力
になる。

この文での voice は「声」という意味ですが、ここで
は単純な音響としての声を意味しているわけではあり
ません。「意見」という意味での声なのです。マララ
は言論が封殺され、誰もが沈黙する中で勇気を持って
「声」を上げました。そんなリスクをとり、自らを危
険にさらしたことで、多くの注目を浴びたわけです。

I don't want to be remembered as the girl who **was**

179

shot. I want to be remembered as the girl who **stood up**. ◀

私は撃たれた少女として記憶されたくない。私は立ち上がった少女として記憶されたい。

マララの言葉で特徴的なのは繰り返しのリズムです。このように繰り返された文の中で、重要な部分を変えることによって、違う部分のインパクトが高まっています。この文では「銃撃された」という意味の was shot の部分と、「立ち上がった」という意味の stood up の部分が対比されていて、他はほぼ同じ表現が使われています。

マララのすごいところは、この銃撃事件を乗り越え、学問を続け、世界に対して教育の重要性を発信し続けているところです。残念ながら、世界の多くの場所で、テロリズムや戦争は続いていますが、彼女のような活動家の発信により、救われている命も多いはずです。

We realize the importance of our voices **only when** we are silenced. ◀

私たちは沈黙させられたときに初めて自分たちの声の重要性に気づく。

only は「〜だけ」という意味の副詞ですが、ここでは接続詞の when との組み合わせで用いられていま

す。only when SV という形で「S が V したとき初め
て」という意味になります。日本のようにある程度自
由に物事が言える場所では、私たちは言論の自由の尊
さをあまり実感できないかもしれません。しかし、も
しも言論が封殺されてしまったら、私たちはそのとき
に初めて、こんなに自由に物事が言えるなんて、なん
て素晴らしいことなんだろうと実感できるはずです。

Let us make our future now, and **let us** make our
dreams tomorrow's reality. ◀
未来を今こそ築こう、そして夢を明日の現実にしよ
う。

Let us 動詞 . は、縮めて言うと Let's 動詞 . というお
なじみの形になりますね。「〜しましょう」「〜しよ
う」という意味になります。この表現に関しては、
ちょっと注意してほしいことがあります。日本語で
は「私と一緒に〜しましょう」と言いますから、これ
につられて、「Let's 〜 with me.」と言ってはダメなの
です。なぜなら、Let us 〜 . の us の中にはすでに私
が含まれているわけですから。私もこの間違いが口癖
になっていて、ネイティブに指摘されたことがありま
す。人前で一度間違うと、一生忘れないから、ありが
たいです。

「夢は語るものではない。実現させるものだ」とよく

言われますが、マララの言葉には、世界を変えるためには行動しなければならないという強いメッセージが込められています。皆さんも「英語が話せるようになりたい」という気持ちを夢のままにしておいてはなりません。毎日少しでも学び続けることによって、夢は夢ではなくなっていくのです。

第 7 章

生成 AI で
英語学習は変わる！

この１年ほどで英語を学習する環境はガラリと大きく変わりました。これからは、ものすごい速度で英語学習の環境が変わっていくと思います。その中心にあるのが生成 AI です。こうやって話しているうちにも刻々と変化しており、この生成 AI を取り入れれば取り入れるほど、語学学習は加速します。ここでは、この生成 AI を使った英語学習について講義したいと思います。

　テクノロジーの変化は語学学習に大きな影響を与えます。かつての例を挙げてみましょう。昔「**辞書**」の**定義は紙の本でした。でも、今若い人に「辞書で調べて」と言っても、紙をイメージする人はほとんどいないでしょう。辞書はデジタル空間で活用するものに変わりました。**テクノロジーが言葉の定義を変えてしまうほどのインパクトを与えたわけです。

　そして、現在の英語学習において、最大の変化を引き起こしている張本人は「**生成 AI**」です。このテクノロジーは、英語学習だけでなく、人々の働き方のすべての面に影響を与えていると言ってもいいかもしれません。さて、これからこの生成 AI の話をしたいと思います。

　そもそも生成 AI とは何かという基本的な部分を整理しておきましょう。

▶生成AIとは？

　現在すでにさまざまな生成 AI が存在していますが、最も先行して普及した生成 AI は本書の中でも何度も登場する「ChatGPT」です。生成 AI、英語でいうと Generative AI。「言葉をつくり出す AI」ということです。

　これまでの AI は、プログラミング言語が書ける人しか操作できない特別なものでした。今でこそよく耳にする「プロンプトエンジニアリング」つまり AI への指示出しは、専門家がプログラミング言語で行う特殊な技術だったのですが、生成 AI の出現によって、「自然言語」つまり、通常の会話のようにプロンプトが書けるようになったのです。プロンプトとは簡単に言うと、「AI への指示文」のことです。

　かつて私が若かった頃、コンピュータは大変使いにくいモノでした。MS-DOS という OS が使われていて、画面にコマンドを入れて文字でパソコンを操作していたのです。それが、グラフィカル・ユーザー・インターフェイス（GUI）の Windows の登場によって、マウスを用いて誰でも扱えるようになりました。

　これと同様に、生成 AI の登場は、これまで専門家にしか扱えなかった AI を、一般の人たちが自然言語で扱えるようになった、大きなターニングポイントと言えるでしょう。今や、プログラミング言語が使えない人でも、スマホやパソコンで簡単に AI に対して指示を出し、回答を得ることができるようになったわけ

です。

　今まで全体の数パーセントの人にしかできなかったことが、誰にでもできるようになったわけですから、これはものすごいことですよね？　誰もが AI が使えるようになった、**つまり AI がすべての人々の手の中におりてきた**ということなんです。

　ただ、この「**自然言語**」のベースになっているのは「**英語**」です。

▶生成AIは英語ベースで動いている

　ChatGPT などの生成 AI はアメリカ発祥の技術です。だから、基本のシステムは英語ベースで構築されていて、英語による言語処理が一番得意だということです。生成 AI の日本語が不自然に思えるのはそこに起因しています。文のつくりがどうしても英語の論理になってしまうのです。なので、国語の学習に使いすぎるのは問題があるかもしれません。現状では見る人が見たら、「この日本語は AI で生成されたもの」ということがすぐにわかります。

　しかし、英語の学習においては、生成 AI は大変な力を発揮します。生成 AI のサーバーには、英語圏の大量の情報が集積されています。それは、英語という言語そのものの本体とも言えるほどのものです。これを私たちは、簡単な方法を学ぶことによって、自由に使えるわけです。

```
《　Point　》
■ プロンプトとは「AIを動かすための指示」
■ ChatGPTは英語圏で開発されたもの
■ 英語で指示を出したほうが日本語よりも正確に
   動く
```

▶英語学習でAIを活用しよう

　さて、これまで一般人には手の届かなかった「AI」が簡単に、いつでも使える、となればそれを使わない手はありませんよね？　**これからの英語学習においてAIを活用した英語学習はマスト**だと言っても過言ではありません。

　この本を手に取った方の中には「とっくに使っている」という方もいれば、まだまだどう使ったらいいのかわからないという方もいるかもしれません。そういった方々も今からでも遅くありませんので、ぜひここから乗っかってください。

　では、実際に英語学習での活用の方法について話していきたいと思います。最初に言ってしまうと、英語学習に関してはズバリ「なんでも」できます。日本語に関しては現状違和感がまだありますが、**英語のクオリティは非常に高いですし、ますます高くなり続けています。**使わないで学習するというのは、スマホを持たないで生活するのと同じぐらい効率が悪いことです。だから私は、英語学習者全員が、生成AIを積

極的に活用するべきだと思っています。ただ、有効に活用するためには、最終的にはやはり基本言語である「英語でプロンプトを書く」ことを目標にしましょう。**プロンプトは英語で書いたほうが生成 AI は正確に動きます。**

とは言っても英語が苦手な人は、日本語の指示出しでも、英語学習には十分すぎるほどに役立ちますから、最初は日本語でも大丈夫です。でも、英語でプロンプトを書くと、AI との対話にもなり、一石二鳥ですから、徐々にプロンプトは英語化していってくださいね。さて、これから具体的なやり方を、技能別にお話ししていきたいと思います。

▶ プロンプトの基本の「き」

リスニングであれ、リーディングであれ ChatGPT は学習素材となる英文を生成することができます。文を生成すると言っても、「適当に文を書いてください」というプロンプトを出したところで、自分の必要とする英文は出てきません。

どうすれば、

・自分の必要とするレベル
・自分の必要とする長さ
・自分の必要とするテーマ

の英文が出てくるのでしょうか。**指示出しを正確に丁寧にすること**が大切です。

プロンプトの書き方の基本として覚えておいてほし

いのは「**とにかく具体的に指示を出す**」ことです。

　クラブ活動の後輩に**指示をするときと同じようなやり方**でやらなければなりません。アルバイトなどでも、あとに入った人に業務を教えるとき、ふわっとした指示は禁物ですよね。こちらの言い忘れがあると必ず間違います。**言い忘れがないように指示はわかりやすく出していかなくてはいけません。**それは AI に対しても同じことなんです。AI には行間を読む想像力がありませんから。

　たとえば、「山田君、座布団あげてください」と指示を出しても、山田君は誰に何枚座布団をあげればよいのかわかりません。だから、「山田君、右から2番目に座っている好楽師匠に座布団を3枚あげてください」というように、相手の想像力や推測力をまったく期待せずに隅から隅まで指定することが、プロンプトを書く場合には重要なのです。

▶ レベルの設定を明確に

　英文生成をする場合にとても重要になってくるのが、レベルの指定です。受験対策なのか、プレゼンなのか、それともちょっとした会話で使うのかなど、目的によって必要な英文は異なります。ですから、目的に合ったレベルの英文を引き出す必要があります。

　先述した通り、ChatGPT は英語ベースなので、「英検2級」や「TOEIC700点」といった言葉で指定しても正確に回答は戻ってきません。**世界基準として**

理解されているヨーロッパ言語共通参照枠（CEFR：Common European Framework of Reference for Languages）での入力がおすすめです。CEFR とは世界で用いられている言語の達成目標の基準で、言語の枠や国境を越えて、外国語の運用能力を同一の基準で尺度化することができるものです。

以下の表を参考にしてください。

レベルの指定方法

CEFR	英検の級
A1	3級
A2	準2級
B1	2級
B2	準1級
C1	1級

これを使ってたとえば、

プロンプト

Create a 100-word passage in English about Mt.Fuji at CEFR B1.
CEFR B1 レベルに合った富士山に関する 100 ワードの英文パッセージを生成してください。

といった形で指示を出せば、希望通りのレベルの英文を出すことができます。レベルの部分やワード数を

書き換えて使ってみてください。

　これがプロンプトの出し方の基本となります。では、早速それぞれの技能別の活用アイディアを順番にご紹介していきたいと思います。

```
《 Point 》
■ プロンプトは丁寧に指示漏れがないようにする
■ 英文を出すときはレベル設定を明確に
■ レベル設定は CEFR を使う
```

【リスニング】── ChatGPT で作成した英文を Amazon Polly でリスニング

　ChatGPT などで生成した英文はリスニング材料としても大いに使い回すことができます。生成音声作成システムを使って今度はテキストを音声にしましょう。せっかく作成した英文ですので、一度きりにせず、どんどん使い倒しましょう。音声作成システムでまずご紹介したいのが、Amazon で提供している Amazon Polly です。深層学習技術を駆使したテキスト読み上げサービスで、人間の声のような音声を合成して再生できます。英語だけでもかなり多くの種類があるので、自分の好みの音声を選ぶことができるのでおすすめです。

　使い方ですが、Amazon Polly サービスを開いて、ChatGPT から得たスクリプトを Amazon Polly のテ

キストボックスに入力します。

　音声ファイルをダウンロードし、スマホに保存すれば、いつでもどこでもオリジナルのリスニング教材を再生することができます。

▶ Step 1: Amazon Pollyの利用開始

　まず、アマゾンのウェブサイトからアマゾンウェブサービス（AWS：Amazon Web Services）にログインします。まだアカウントがない場合は、新たに作成します（Amazon の買い物アカウントとは別物です）。ログイン後、AWS のダッシュボード（操作画面）から「Polly」を探して、クリックします。

▶ Step 2: テキストの入力

　Polly の画面の「入力テキスト」という部分に、ChatGPT で作成したテキストをコピペします。

▶ Step 3: ナレーションの生成

　文章を入力したら、「**音声を聴く**」と書かれたボタンをクリックします。すると、Polly が文章を読み上げ、音声を生成します。右上のメニューからサーバーを選択することができるのですが、東京のサーバーを選択すると、**ニューラル音声**の使用が可能になります。こちらのニューラル音声を使ったほうが、人間に近く、おすすめです。

　また、さまざまな国のアクセントを選択することができるのが Polly の魅力です。アメリカ、イギリス、南アフリカ、インドなどが選択可能です。

　面白いのは英語の文章のナレーションをつくる場合に日本人を選択すると、まるで日本人が英語を読んでいるかのように、カタカナ英語で読んでくれることです。さまざまな英語に慣れておくと実践に役立ちますので、ぜひトライしてみてください。（※一部課金あり）

▶ Step 4: ナレーションの保存

　生成された音声は、通常、音声ファイルとしてダウンロード可能です。「ダウンロード」をクリックして保存し、必要に応じて再生または他のアプリケーションにインポートすることができます。このダウンロード手順が 1-Click で済み、超簡単なのも助かります。

　これらの手順を踏むことで、Amazon Polly を使って自分独自の英語のナレーションを作成できますの

で、英文の耳慣らしとして、ぜひ活用しましょう。きちんと聴き取れているかもテキストベースで確認するようにしましょう。

Amazon Polly は、使い慣れるととても便利なのですが、どちらかというと、パソコンが得意な玄人の学習者や英語教師向けです。

もっと手軽に合成音声を活用した学習をしたい人におすすめのアプリが「音読メーター」です。こちらも簡単に合成音声を聴くことができ、インターフェイスも超簡単で、誰でもスマホで学習することができます。さらに、自分の発音を AI がチェックしてくれ、単に英語を聴くだけではなく、音読練習の目標づくりをすることもできます。また Amazon Polly よりも機能が使いやすく単純化された「音読さん」もおすすめです。(※無料部分と課金部分あり)

《 Point 》

■ 作成したテキストは音声生成ソフトで再生する

■ 音源はファイルなどに保存しておく

■ 聴き取れているかの確認は元のテキストでチェック

【スピーキング】
—— ChatGPT 相手に会話トレーニング

▶ 音声でやりとりすることもできる

さて、スピーキングに関してはオンライン英会話を
おすすめしましたが、実は ChatGPT もスピーキング
の良い練習相手となってくれます。

ChatGPT にも音声で話しかけて音声で返してくれ
る機能が実装されました。これを会話の練習に使うこ
ともできます。

私もたまに利用しますが、なかなかいい話し相手に
なってくれますよ。まだちょっと反応が遅いのですが、
今後の改善を期待しています。（2023 年 11 月現在）

たとえば、

プロンプト

話者：How are you?
I want to practice conversations about medicine.
Could you have a medical conversation with me?
医学に関する会話を練習しています。医学的な会
話の相手をしてくれますか？

ChatGPT：Absolutely! I'd be happy to engage in
a medical conversation with you. Let's simulate a
conversation about medicine:
もちろんです！　喜んで医学に関する会話をいたし
ます。まずは会話のシミュレーションをしましょう
……。

このあといくつか会話のシミュレーションを出して
くれましたが、ここでは会話を目的としますので略し
ます。ファイルにコピペしておいて、後日のためにス
トックしておくのもおすすめです。
　では、会話を続けていきましょう。

プロンプト

話者：Could you ask me a question about "organ
transplantation"? I'll answer it.
臓器移植についての質問をしてくれますか？　答
えてみます。

ChatGPT：Certainly! Here's a question related to
the topic of organ transplantation:
かしこまりました！　臓器移植に関する質問をしま
す。

Question: Can you explain the process of organ
transplantation and the importance of organ
donation?
Feel free to share your insights and knowledge
about organ transplantation and organ donation.
質問：臓器移植のプロセスと臓器提供の重要性につ
いて説明していただけますか？
臓器移植と臓器提供に関するあなたの知識や考えを

シェアしてください。

　こんな感じで会話をすることができます。自分の意見を自由に述べてみましょう。
　意見を言ったあとに、

プロンプト

Could you correct my English?
私の英語を直してください。

　のように、自分の発言について表現上の修正をしてもらうのも忘れずに。会話をしながら、文法的な間違いも直してくれますので、とても効率が良いですね。

　他にも、英語のスピーキングテストの対策にも活用できます。たとえば、以下のような質問をしてみましょう。

プロンプト

Give me a list of 10 questions that are commonly asked on English tests. I will answer one of them, so please evaluate it.
英語のスピーキングテストでよく聞かれる質問を10個挙げてください。その中の一つに答えますので評価してください。

すると以下のように出てきます。

もちろんです。以下に英語のスピーキングテストで
よく聞かれる質問を10個挙げます。その中から一つ
を選んでお答えいただければ、喜んで評価いたします。

1. Can you introduce yourself?
2. What are your hobbies and interests?
3. Describe your favorite book/movie/TV show
   and explain why you like it.
4. Discuss a memorable travel experience you've
   had.
5. Talk about a challenging situation you've
   faced and how you overcame it.
6. What are your future career goals and
   aspirations?
7. Describe a person who has had a significant
   influence on your life.
8. Discuss a current global issue that interests
   you.
9. How do you manage your time and balance
   your responsibilities?
10. Explain a skill or talent you possess and how
    you developed it.

どの質問にもお答えいただけますが、お好きな質問

を選んでください。お答えいただいたら、評価させて
いただきます。

〈ChatGPT より引用〉

　これに対して音声入力を使って英語で話して評価し
てもらえば立派なスピーキングの練習になります。
　以下、例をご紹介します。ここではあえて間違った
学習者の英語をそのまま掲載します。

I'd like to answer question number one now. I'm
going to introduce myself. My name is Hiroshi
Nakamura. I live in Chiba. I live with my son and
my wife. I live about 30 minuites train ride away
from the center of Tokyo, and my hobbies are riding
motorcycles and driving my car. Recently I bought
a BMW and its one of our car and I love driving my
car this weekend, I an going to my cottage on the
other side of the Peninsula nice to meet you.

Great job, Hiroshi! Your response was clear, you
provided a lot of details, and you covered a variety
of topics such as your job, family, hobbies, and some
recent personal news. You also used future tense
correctly, which is a good demonstration of your
grasp of English grammar.

Here are some minor improvements you might consider:

When introducing your living situation, you could say "I live with my son and my wife" instead of "I room with my son and my wife."
When describing the BMW, you might want to specify what you mean by "our car." You might say, "it's our family car," for example.

Overall, you did very well. Your answer would be easily understood by native English speakers and it shows that you can comfortably express yourself in English. Good luck with your speaking test!

〈ChatGPT より引用〉

　回答に対して、ChatGPT の評価が出てきます。英語がわかりにくければ「日本語で」と続ければ、日本語での解説が出てきます。

▶ChatGPTは絶好のアウトプットの場
　このように、音声入力を使ってスピーキングの練習もすることができます。これまで日本人の英会話向上の障害にもなっていた「アウトプット不足」と「間違うことへの恐怖」は ChatGPT が同時に解決してくれ

ます。

　ChatGPT は絶好のアウトプットの場所となります。**「発音が恥ずかしい」「間違ったら嫌だな」という人でも、相手が AI なら思い切りアウトプットできる**のもメリットの一つ。たくさん間違ってどんどん直してもらえばいいのです。

　また、音声を出さなくてテキストでチャットしているだけでも、十分アウトプットと言えます。今後どんどん進化していくと思いますので、常にアンテナを張っておきましょう。（2023 年 11 月現在）

《 Point 》
- ■ ChatGPT に会話相手になってもらう
- ■ 自分の発言を修正してもらえる
- ■ スピーキングテストへの対策もできる

【文法】
―― AI と文法学習は相性がいい

▶ 文法の問題をつくってもらう

　ChatGPT は、英語がベースになっていますので、基礎英文法の学習にも大いに活用できます。練習問題と解説をいくらでもつくってくれますので、苦手な文法項目があるなら、その練習問題をとにかくたくさんこなしてみましょう。ただ、日本の入試問題に出てくるような、マニアックな文法問題までは生成すること

はできませんので、そちらは専門の本で勉強してください。

　まずは試しに以下の文をそのままコピペして使ってください。日本語でも問題ありませんが、英語も参考までに入れておきます。

プロンプト

Task for the "Comparison" Field: Create a 4-option fill-in-the-blank grammar question in English. Additionally, provide a Japanese translation of the question, the answer, and offer a detailed explanation with reasoning.

「比較」の分野で、英語の空所補充４択文法問題をつくってください。また、問題文の和訳と解答に加えて、根拠を詳しく解説してください。

〈以下、上記の質問に対する ChatGPT の生成結果を引用〉

　もちろんです。以下が「比較」の分野に関する英語の文法問題です。

問題文：Samantha is ＿＿ (tall) her younger sister, Emily.
a) taller b) the tallest c) more taller d) tall

問題文の和訳：サマンサは、妹のエミリーよりも背が高いです。空所に入るのはどの単語でしょうか。

正解：a) taller

解説：比較級を使う際には、形容詞の末尾に "-er" を追加するか、または "more" を使います。この文では、Samantha と Emily の背の高さを比較しているため、"taller" が適切な選択肢です。

b) the tallest 誤りです。最上級は 三つ以上のものを比較する際に使いますが、ここでは 二つの要素が比較されているため、最上級は適切ではありません。

c) more taller 誤りです。"taller" がすでに比較級であるため、"more" を使う必要はありません。

d) tall 誤りです。空所には比較級が必要です。形容詞の比較を行うためには、"tall" に "-er" を追加して "taller" とする必要があります。

この問題を通じて、比較級の形成と使用方法を理解することができます。

〈引用終わり〉

このような感じで膨大なデータベースを駆使して無限につくってくれます。自分の苦手な文法や、いつもなんとなくの感覚で使ってしまっている項目があれば、そこを重点的に理解していきましょう。カスタマイズした自分の穴を埋めてくれる問題を無限につく

れるわけですから、これは活用しない手はありませんね。ただ、ここでも強調しますが、生成 AI は英語ベースの情報で動いています。だから、英語版の英文法はよく理解できるのですが、日本の文法用語が通じないこともあります。英語版の英文法用語を覚えると便利です。たとえば「動名詞」は gerund、「仮定法」は subjunctive mood ですね。これらを使うとより正確に英文法を学習できます。あと、日本人が大好きなマニアックな英文法までは ChatGPT は理解していないことがあります。

▶ AIで語彙強化！

　文法よりもさらに役に立つのが語彙力の強化です。先ほどもお話しした CEFR を使えば、自分のレベルに合わせた語彙問題がつくれます。

　CEFR の後ろにある「A1」などの記号はレベルを表しており、

A1 英検３級レベル

A2 英検準２級レベル

B1 英検２級レベル

B2 英検準１級レベル

C1 英検１級レベル

　となります。

　では試しに英検準１級レベルの「B2」でつくってみましょう。

プロンプト

Create a multiple-choice fill-in-the-blank vocabulary question at CEFR B2. Also, attach the answer and the explanation to each question.

CEFR B2 レベルの空欄補充の語彙問題を作成してください。また、各問題に解答と解説を添付してください。

〈以下、上記の質問に対する ChatGPT の生成結果を引用〉

Question:

The novel's complex plot and intricate characters add a layer of ＿＿ to its overall meaning.

a) ambiguity
b) clarity
c) simplicity
d) familiarity

Answer: a) ambiguity

Explanation: The correct answer is "ambiguity." In this context, "ambiguity" refers to the quality of being open to multiple interpretations or having unclear meanings. The sentence suggests that the novel's plot and characters contribute to a deeper and possibly unclear meaning, which is why "ambiguity" is the appropriate word.

b) clarity: This choice is incorrect because "clarity" means the quality of being clear and easily understood, which is the opposite of the intended meaning.

c) simplicity: This choice is incorrect because "simplicity" refers to the state of being simple and easy to understand, which doesn't fit the context of a complex plot and intricate characters.

d) familiarity: This choice is incorrect because "familiarity" refers to something being well-known or recognized, and it doesn't relate to the idea of multiple interpretations or unclear meanings.

This question tests your understanding of vocabulary related to literary analysis and the ability to choose the appropriate word based on the context.

〈引用終わり〉

　このような感じで出てきます。英語のまま理解できるようになるまでは、以下のように指示を出して日本語にしてもらいましょう。

上記の問題文と解説をすべて日本語に訳してください。

問題文：
その小説の複雑な筋立てと入り組んだキャラクターは、全体的な意味に一層の ＿＿ を加えています。
a) 曖昧さ
b) 明確さ
c) 単純さ
d) 馴染み

答え：a) 曖昧さ

解説：正解は「曖昧さ」です。この文脈では、"ambiguity" は複数の解釈が可能であるか、意味がはっきりしない特性を指します。文は、小説の筋立てとキャラクターが深い意味をもたらし、その意味が曖昧である可能性があることを示しているため、「曖昧さ」が適切な単語です。

b) **明確さ**：この選択肢は誤りです。"clarity" はわか

りやすく明確である特性を指し、意味が逆のもので
す。

c) **単純さ**：この選択肢は誤りです。"simplicity" は
シンプルで理解しやすい状態を指し、複雑な筋立て
や入り組んだキャラクターとは関連がありません。

d) **馴染み**：この選択肢は誤りです。"familiarity" は
よく知られていたり認識されていることを指し、複
数の解釈や意味がはっきりしない概念と関係があり
ません。

この問題は、文学分析に関連する語彙の理解と、文
脈に基づいて適切な単語を選択する能力をテストし
ます。

〈引用終わり〉

　このような感じで、練習問題をいくらでもつくるこ
とができますので、自分のレベルに合わせたもの、弱
点に関する問題などを作成して、空いた時間を使って
どんどん挑戦しましょう。

▶ オリジナルの単語リストを作成

　もう1つ、語彙に関してぜひ使っていただきたい機
能があります。

　ChatGPT は表作成も得意で、リストをあっという間に作成してくれます。なので、ChatGPT に英文を入力したあとに、このようなプロンプトを入れてみてください。「副作用」についての英文を例にご紹介します。

プロンプト

> 下記の英文の重要単語を 20 個抜き出し、発音記号と日本語の意味を並べた表をつくってください。動詞は原形にしてください。名詞は単数形にしてください。

communicate	/kəˈmjuːnɪkeɪt/	コミュニケートする
doctor	/ˈdɒktər/	医師
explain	/ɪkˈspleɪn/	説明する
unusual	/ʌnˈjuːʒuəl/	異常な
figure out	/ˈfɪɡər aʊt/	解決する、理解する
rare	/reər/	稀な
understand	/ʌndərˈstænd/	理解する
safe	/seɪf/	安全な
healthy	/ˈhelθi/	健康な

注意：発音記号は英国英語に基づいています。米国英語とは異なる場合があります。

　辞書をいちいち引かなくても、わかりやすい表があっという間に完成です。発音記号と並べて表記されますので、意味と同時に音も頭に入る最強の単語リストが出来あがります。
　作成した表もそのままコピペで保存ができますので、ファイルをつくって蓄積していけば、自分だけの

単語リストのストックをつくることもできます。

　これに
「(プロンプト) それぞれに英語の例文をお願いします」
　などと続けると、例文ももちろん出てきます。
　すでにお伝えした通り、**単語は「例文とセット」で覚える**ことが大事です。
　また、ここで出てきた例文をコピーして **Amazon Polly や音読メーター、音読さんなどを用いて、音声でも聴くとよいでしょう。**
　他にも、「単語の定義を表にしてください」「それぞれの単語を品詞別に並べ替えてください」など、**自分の目的に合わせて応用**していきましょう。

　このように、「表を作成する」「発音記号を調べる」などといった、これまで人間がやってきたことを AI があっという間に行ってくれます。人間はつくられたものを学習することからスタートすればいいだけなので、**雑用が省かれてタイパが一気に上がります。**
　これは生成 AI による恩恵とも言えますね。時間が勝負の受験生にはもってこいです。英文の丸写しや、意味調べなどは飛ばして、覚えるところからスタートしましょう。これをやるかやらないかで圧倒的な差がつくのは火を見るより明らかですね。
　使えるものはとことん使って、無駄なことに時間を割くのはもうやめにしましょう。

```
            ≪  Point  ≫
■ 文法は、「問題」「解答」「解説」をセットで出す
■ 文章から単語を抜き出し、表をつくることができ
  る
■ 単語の例文は音声で必ず聴く
```

【ライティング】
──英文添削もすいすい！

▶ ChatGPTに添削、解説してもらう

　自作の英作文が正しいかどうか確認したいとき、こ
れまでは先生に質問したり、英文添削サービスを利用
しなくてはいけませんでした。ところが、ChatGPT
は英文添削もお手の物ですので、気軽に英文チェック
をかけることができます。

　たとえば、iPhone であれば iPhone の基本機能、
Android であれば Google レンズを使って、**手書きの
英作文を ChatGPT で添削し、解説までしてもらう**
ことができます。手順を詳しく解説していきます。
ChatGPT のアプリで、直接スキャンして読み取るこ
ともできます。

　まずは英作文をしてください。紙に英語を書くときに
は、**丁寧なブロック体で、読み取りやすい文字で書くこ
と**を心がけてください。書いたら、写真を撮ります。

　以下は iPhone の基本機能を使った画面になりま
す（＊設定＞一般＞言語と地域＞テキスト認識表示を

ON にする)。

　写真を撮ったら文字の上を長押しすると範囲が指定されます。その範囲をコピーするだけで、その部分はテキストデータに変換され、ChatGPT に貼り付けることができます。

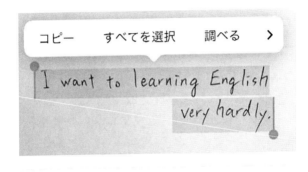

I want to learning English
very hardly.

　ChatGPT に貼り付けたら、その下に以下のプロンプトを入力してみましょう。**プロンプトはいつも同じなので、音声入力がおすすめ**です。

I want to learning English
very hardly.
この英文の文法的間違いを修正し、その間違
いと解説を箇条書きしてください。さらによ
り自然な英語表現を提案してください。

〈以下 ChatGPT から引用〉

もちろんです。以下に文法的に修正し、より自然な
英語表現を含む全体的な書き直しを示します。

間違い：

1. "I want to learning" ではなく、"I want to learn"
  が正しい形です。
2. "English very hardly." の部分が不自然です。
  「hardly」は「ほとんど〜ない」という否定的
  な意味を持ちます。

解説：

1. "I want to" のあとには動詞の原形が正しく、こ
  の場合「learning」ではなく、「learn」が適切
  です。
2. "hardly" は否定的な意味を持つ副詞であり、こ
  の文脈では「非常に難しく」という意味を表

213

すためには「very hard」または「really hard」
が適切です。

より自然な英語表現:

1. "I want to learn English very hard."
2. "I want to put a lot of effort into learning English."
3. "I'm determined to learn English."
4. "I intend to work hard at learning English."
5. "I'm committed to learning English intensively."

〈上記 ChatGPT より抜粋〉

日本語がおかしいところがありますが、学習に大き
な支障はありませんね。

英作文の勉強は、一番やり方がわかりにくく、それ
で苦労している方もとても多いです。

「どうやって勉強していいのかわからない!」

と悩んでいる生徒さんもたくさんみてきましたが、
もうこれで簡単に自分で英作文を勉強することができ
ます。

いくら文法の本を読んでも、英作文について解説し
てある本を読んでも、**添削してもらわないことには、
英作文はできるようになりません**よね。それが AI を
使うことで、誰もが気軽に、24時間いつでも、無料
で添削してもらうことができるようになったのは大進

歩です。

・自分でつくった英文をChatGPTで添削してもらう
・文法的な間違いを自分で直して理解する
・自然な英語を出してもらう
　ここまでをChatGPTにやってもらったら、今度は
・Amazon Pollyや音読メーター、音読さんに読ませ
　て、耳で理解する

　この英語学習サイクルが、AIを使うことで自動化
されます。
　今回の題材は生徒さんの英作文を使いましたが、他
にも大学入試の2次試験の英文でも教科書の英文でも
なんでもOKです。
　SNSにちょっとした文を投稿する前にも、ChatGPT
で添削して直すくせをつけてしまいましょう。

▶エッセイ添削もAI先生にお任せ！

　英語のエッセイの書き方をご紹介しましたが、第5
章でも述べた通り、**書きっぱなし、訳しっぱなしは
絶対にダメ**です。英作文は添削なしでの向上はあり
得ませんので、必ずChatGPTに添削をお願いして、
フィードバックをもらいましょう。このひと手間でラ
イティング力は圧倒的に向上しますので、時間を惜し
まず、習慣化してしまいましょう。
　まずエッセイライティングの勉強を始めるとき、あ
る程度のモデル文を最初に見ておかないとなりませ

ん。エッセイというものがどういうものか？という最低限の知識はあったほうがいいでしょう。

たとえば、

CEFR B1 レベルで以下のエッセイのモデル文を書いてください。
What will your future be like?
Cover these two points.
・What you plan to study.
・What kind of job you want to do.

〈以下 ChatGPT より抜粋〉

Sure, here's a model essay for CEFR B1 level on the topic "What will your future be like?"

My Future Dreams and Plans

In the future, I want to dive deep into the world of psychology. I have always been curious about how people think, feel, and act. Understanding the human mind is like unlocking the secrets of our behavior.

Firstly, I plan to study psychology at a good university. I hope to learn about different areas of psychology, like child development, emotions, and mental health. This will help me understand people better and maybe even myself. Classes and books will guide me, but I also want to do some research and ask many questions.

After my studies, my dream job is to become a counselor. I want to help people who feel sad or have problems. Listening to them and giving advice can change their lives. Also, I believe that by helping others, we can also learn a lot about ourselves.

In conclusion, my future is all about studying psychology and helping people. I am excited about my plans and can't wait to start!

〈引用終わり〉

　上記のように、お手本となる文章が出てきます。せっかくなので、この英文に対する解説もしてもらうようにしましょう。日本語の解説が必要な場合には、プロンプトには必ず「日本語で」と指示を入れるようにしてください。

プロンプト例：上記のエッセイを書くためのポイントを詳しく日本語で説明してください。

〈以下 ChatGPT より抜粋〉

もちろん、エッセイのポイントを以下に詳しく説明
します。

１．タイトルの選択：
　エッセイのタイトルは「My Future Dreams and
Plans」です。これにより、読者はエッセイの主
題をすぐに理解できます。

２．導入部：
　エッセイは心理学に興味を持つ理由について述べ
ることで始まります。これは読者の興味を引くた
めの良い方法です。

３．具体的な計画の提示：
　エッセイの中央部では、具体的に心理学を学ぶ計
画とその理由、さらにはどのような仕事を希望す
るかについて説明しています。この部分は、エッ
セイの指示（学びたい内容と希望する仕事）に直
接的に応答しています。

４．個人的な感想や意見の追加：
　エッセイでは、心理学を学ぶことで自分自身につ
いても学べるという考えや、他人を助けることで
自己理解が深まるという意見を述べています。こ
れはエッセイに深みを持たせ、筆者の考えや価値
観を強調するためのものです。

５．結論：
　エッセイの終わりには、自分の未来に対する興奮

や期待を表現して、読者に印象的な結びとしての
メッセージを残しています。

6. 簡潔さ:

CEFR B1 レベルは中級のレベルですので、文章
は簡潔かつ明瞭に保たれています。難しい語彙や
複雑な文構造は避けられており、主題に沿った内
容がしっかりと述べられています。

このように、エッセイは構成や内容、表現のバラン
スを意識して書かれています。それぞれの部分が全
体の流れや理解を助ける役割を果たしています。

〈引用終わり〉

　このように細かく説明してくれるので、今後の自分
がライティングする際の参考にしましょう。これを音
読メーターなどの学習用アプリを使って聴き、エッセ
イの型を脳にインストールしていきましょう。

　ある程度自分の中でいくつかのモデル文で英文の型
がインプットできたら、今度は実際に書いていきま
しょう。

　長い文章は手書きではなく、タッチタイピングで入
力するのがいいと思います。タッチタイピングで入力
して文章を完成させます。

▶ ライティングの添削の手順

　では早速、ある生徒から提供してもらったエッセイ
を用いて、その手順を詳しく見ていきます。この方法
がこれからの英語ライティング学習では、基本中の基
本になると思います。

　エッセイを書き終えたら、ChatGPT に以下のよう
に質問してみましょう。

プロンプト

以下の英語エッセイの文法的・語彙的間違いをど
う修正すればよいかを箇条書きの表にしてくださ
い。文法の解説は詳しい日本語でお願いします。

Question: Should the government put stricter
controls on the mass media?

I think the government should put stricter
controls on the mass media. I have two reasons
to support opinion. First, broadcasting wide
range of contents are not good for children's
education. It is not good to broadcast erotic or
sexual programs in front of ignorant children
may give children bad effects. For example,
children might imitate to TV program what
they were doing, and cause serious incident.
In order to protect safety and childrens, they

ChatGTPが作成した表（一部）

原文	修正後の文	解説
I have two reasons to support opinion.	I have two reasons to support my opinion.	「support opinion」ではなく「support my opinion」が正しいです。所有格が必要です。
broadcasting wide range of contents are not good for children's education.	broadcasting a wide range of content is not good for children's education.	「wide range of contents」は「a wide range of content」に修正します。そして、主語が単数形の「broadcasting」に対して「are」ではなく「is」を使用します。
It is not good to broadcast erotic or sexual programs in front of ignorant children may give children bad effects.	It is not good to broadcast erotic or sexual programs in front of innocent children as it may have negative effects on them.	「ignorant children」は「innocent children」に、また「bad effects」はより適切な表現の「negative effects」に変更します。また、文がつながるように「as it may have negative effects on them」を追加します。
children might imitate to TV program what they were doing, and cause serious incident.	children might imitate what they see on TV programs, which could cause serious incidents.	「imitate to TV program」は適切ではありません。「what they see on TV programs」に修正します。また、意味を明確にするため「which could cause serious incidents」とします。

have to be more stricter on what they televise. Second, governments have to deal with sensitive information seriously. Even though citizens assert different from information like politics or economics. It would be dangerous known to people all over the world what governments are conspiring and lead war. For these reasons, I strongly believe that the governments should be stricter in order to keep their nation safety.

そうすると前ページのような回答が表になって出てきます。

文章を見比べて、自分の間違いをここでしっかり押さえておきましょう。ただ、上記だけでは、文法の間違いしかわかりませんので、文章をさらにブラッシュアップしたい人は以下のような質問もしてみましょう。

プロンプト

Please evaluate this unrevised essay using CEFR and provide advice and comments in Japanese.
修正前のエッセイを CEFR に照らして評価し、日本語でコメントとアドバイスをお願いします。

〈以下 ChatGPT の回答〉

CEFR (Common European Framework of Reference for Languages) に基づいて、エッセイの評価を以下の観点で行います：「文法と語彙」「論理的構成」「コミュニケーション」。著者のレベルは大体 B1（中級）程度と推定されます。

1．文法と語彙：

・評価：比較級の誤用（「more stricter」）、所有格の省略（「support opinion」）、単数・複数形の誤り（「childrens」）など、いくつかの基本的な文法ミスが見受けられます。一部の文は文法的に完全でなく、文の意味が伝わりにくい部分もあります。

・アドバイス：基本的な英文法の再確認と練習が必要です。教科書や学習サイトを利用し、特に比較級、所有格、単複の扱いについて理解を深めましょう。さらに、日常的に英語の文章を読むことで、自然な英語表現を身につけると良いでしょう。

2．論理的構成：

・評価：二つの主要な論点が提示されていますが、それぞれの論点について具体的な説明や具体例が不足しています。また、論点間のつながりや全体の論旨が明確でない部分があります。

・アドバイス：エッセイの各段落が主張、理由、

例示、結論という流れで構成されていることを確認しましょう。また、全体の流れや論旨が明確になるよう、段落間のつながりにも注意を払ってください。英語の論理的な書き方を学ぶための教材や、他の人のエッセイを読むことも役立つでしょう。

3. コミュニケーション：
   ・評価：主要な論点は伝わりますが、文法的な誤りや不明確な表現により、全体的なメッセージがわかりにくくなっています。
   ・アドバイス：自分の考えを明確に伝えるために、より具体的で詳細な表現を使いましょう。また、エッセイを書いたあとに自分で見直すだけでなく、英語を母国語とする人に添削してもらうと、自分では気づきにくい間違いや改善点を発見することができます。

〈引用終わり〉

　上記のように観点別のアドバイスがもらえます。
　これらを念頭に置いて、基本文法の学習、英語の文章を読む習慣、論理的なエッセイの書き方を学ぶこと、そしてフィードバックをきちんと整理して、今後に生かしていけば、エッセイのスキルはどんどん向上していくはずです。

▶「理想」の英作文をつくってもらう

　さて、基本的な間違いなどを直してもらったら、今度は、お手本となる英文と見比べるのもおすすめです。以下のようなプロンプトを入れてみましょう。

プロンプト

> Please rewrite this essay without changing the content as much as possible.
> エッセイの内容を極力変えずに理想的なものにリライトしてください。

〈以下 ChatGPT の回答〉

Question: Should the government put stricter controls on the mass media?

I believe that the government should put stronger controls on the mass media. I have two main reasons to support this view. First, showing all types of content on TV is not good for kids. Showing adult or sexual things to kids who don't know much can have bad effects on them. For example, kids might copy what they see on TV and it could cause big problems. To protect safety and kids, we need to be stricter about what we show on TV.

Second, governments need to handle important information carefully. Even when people have different views about things like politics or economics, it could be dangerous to let people all around the world know what governments are planning, which could cause war. For these reasons, I strongly believe that governments should be stricter about what is shown on TV to keep their countries safe.

〈引用終わり〉

　上記のように、英語ネイティブのサーバーによるより自然で洗練された文章が出てきますので、これを先述の Amazon Polly や音読メーター、音読さんに読ませて、耳でも理解できるように何度も聴きましょう。
　他にも
・大学入試の英文を入力して、問題を解かせて、文法を学ぶ
・教科書の英作文を入力して、模擬問題を作成する
　などなど、ライティングだけでも使い方は無限です。どう有効活用できるのか自分でも勉強法を編み出していきましょう。

```
《 Point 》
■ 短い文章は手書きをスマホで読み取る
■ 原文と修正した文章を並べて確認する
■ なぜ修正されたかをチェックする
```

```
【リーディング】
──無限の多読用素材
```

▶ 音読メーターというアプリがおすすめ

　リーディング学習に欠かせない「多読」「音読」には、「音読メーター」がおすすめです。名前の通り、どれだけ音読したかを計測してくれるので、自分の進捗状況がわかって学習のモチベーション維持につながります。

　作成した英文を画面に入力すると、QRコードが生成されます。これをスマホで読み取って、音読の素材として取り込みます。

　自身の「音読音声」を録音すると、発音の正誤が「％」で表示されて、間違いや不明瞭な箇所が指摘されるため、自分の苦手なつまずきポイントを確認できて、弱点克服に役立ちます。正誤率の％を上げるために何度もやり直すなど、反復学習にもなり、英文が自然に頭にインプットされていきます。ぜひ一度トライしてください。お手本の音声を確認することもできますので、耳での理解も忘れずに。（※一部課金あり）

最初に Amazon Polly や音読メーター、音読さんなどで、音声を確認してから、音読にトライするのもいいですね。

▶ オリジナルの読解問題をつくる

　自分の学びたい分野、強化したい分野などがあれば、そこに絞った読解問題もつくることができます。まずは、トピックを指定して、長文を作成します。

　医学部を受ける学生を想定して、医学関連の英文を出してみましょう。

プロンプト

Create a 100 word passage about "drug side effects" in English at CEFR level B1.
CEFR の B1 レベルで「薬の副作用」についての英文を 100 ワードで書いてください。

〈以下 ChatGPT より引用〉

When taking medication, it's crucial to be aware of potential side effects. Medicines can help treat various health conditions, but they might also bring about unwanted reactions. Side effects can range from mild to severe and vary depending on the individual. Common mild side effects include drowsiness, nausea, or dizziness. However, more severe reactions like allergic reactions or changes in heart rate might occur. Reading the patient information leaflet that comes with the medicine can provide valuable information about potential side effects. If you experience any unexpected symptoms while taking a medication, consulting a healthcare professional is advised to ensure your well-being.

〈引用終わり〉

このような形で英文が出てくるので、今度は続けて以下のようなプロンプトを入れてみます。

プロンプト

Create 5 multiple-choice questions for the above passage.
上記の英文に5個の選択問題をつくってください。

と入力すると以下のような選択問題をあっという間につくってくれます。

〈以下 ChatGPT より引用〉

1. What is the main reason for being aware of

potential side effects when taking medication?
a) To increase the medication's effectiveness
b) To avoid taking the medication altogether
c) To prevent unwanted reactions d) To speed
up the recovery process

2. What do the side effects of medication
range from? a) Severe to mild b) Curable to
incurable c) Short-term to long-term d) Visible
to invisible

3. Which of the following is an example of a
mild side effect? a) Changes in heart rate b)
Allergic reactions c) Drowsiness d) Severe
nausea

4. What can provide information about potential
side effects of a medication? a) Social media
b) Personal experiences c) Patient information
leaflet d) Herbal remedies

5. What is the recommended action if you
experience unexpected symptoms while
taking medication? a) Continue taking the
medication b) Disregard the symptoms c)
Consult a healthcare professional d) Wait for
the symptoms to subside

自力で解いてみたら、今度は続けて、

プロンプト

Give me the answers and explanations for the above questions.
それぞれの問題に解答と解説をお願いします。

　と入れると、以下のように、問題と解説を出してくれます。「対話型」とも呼ばれるように、会話をしているように、指示を続けて出していけるのも生成AIが便利なところです。

1．What is the main reason for being aware of potential side effects when taking medication?
　Answer: c) To prevent unwanted reactions
　Explanation: The passage states that it's important to be aware of potential side effects to prevent unwanted reactions that might occur when taking medication.

2．What do the side effects of medication range from?
　Answer: a) Severe to mild
　Explanation: The passage mentions that side effects can range from mild to severe, indicating a wide spectrum of possible reactions.

3. Which of the following is an example of a mild side effect?

Answer: c) Drowsiness

Explanation: The passage lists drowsiness as an example of a common mild side effect that might be experienced when taking medication.

4. What can provide information about potential side effects of a medication?

Answer: c) Patient information leaflet

Explanation: The passage mentions that reading the patient information leaflet that comes with the medicine can provide valuable information about potential side effects.

5. What is the recommended action if you experience unexpected symptoms while taking medication?

Answer: c) Consult a healthcare professional

Explanation: The passage advises consulting a healthcare professional if unexpected symptoms occur while taking medication to ensure your well-being and get appropriate guidance.

Feel free to ask if you have any more questions or need further clarification!

〈上記 ChatGPT より引用〉

　このようにオリジナルの問題をすぐに作成でき、自分が理解できているのか確認があっという間にできてしまうというわけです。英文を読みっぱなし、つくりっぱなしにせずに、きちんと意味を理解していくことが大切です。あとは「日本語にして」など自分の知りたいことをどんどんお願いしてみましょう。

> ≪ **Point** ≫
> ■ オリジナル英文で読解問題がつくれる
> ■ 音読を繰り返して精度を上げる
> ■ 英文はつくりっぱなしにせず、理解を深める

▶ モチベ維持に好きなネタを

　英語学習の目標は皆さんそれぞれだと思いますが、どうしてもやる気が出ない、という日もあると思います。

　モチベーションを維持し続けるには、「好きなこと」を教材にしてみてはいかがでしょう。興味があることに結びつけると、モチベーションは一気に上がりますので、勉強のモチベーションが上がらない、ちょっと

行き詰まってしまった、ネタが思い浮かばない、というときは、ぜひ素材を好きなものにして挑戦してみてください。スポーツ、ドラマ、アーティストなんでもいいので、自分の興味が持てる分野で素材をつくってみましょう。

　たとえば、

プロンプト

Create a 200 word passage about " ● ● ● " at CEFR level A2.
●●●について述べた、200 ワードの文章をCEFR レベルの A2 でつくってください。

　このように指示を出せば、レベルに合った文章が出てきます。

　上記のプロンプトの●●●の部分を自由に書き換えて使いましょう。

　たとえば●●●に BTS と入れてみます。

〈以下 ChatGPT より引用〉

BTS is a popular South Korean music group. They have seven members, and they sing and dance very well. BTS makes music that people all around the world love to listen to. They are famous for their energetic performances and catchy songs.

BTS started their journey in 2013, and since then, they have become superstars. They have many fans who call themselves "ARMY." These fans support BTS with all their hearts.

The members of BTS are RM, Jin, Suga, J-Hope, Jimin, V, and Jungkook. They are not only great musicians but also very kind and friendly. They often talk to their fans through social media and share their thoughts and feelings.

BTS's music is a mix of pop, hip-hop, and R&B. Some of their famous songs include "Dynamite" and "Boy With Luv." Their music videos are also fantastic, with cool dance moves.

In addition to their music, BTS does a lot of charity work. They want to make the world a better place. BTS is not just a music group; they are also role models for many people around the world.

　この英文を音声にしてリスニング教材にしたり、読解問題にして友達と解き合うといった使い方もありですよね。

　音声なんかも MP3 でダウンロードして、BTS 専用のファイルをつくっておいて入れておくといいでしょう。自分の熱い思いや、メンバーの英語での発言集を

つくったりなど、それだけでも英語へのモチベーションは一気に上がります。

このように、ゲーム感覚でどんどん取り組むことができるのも、紙の教材とは違う魅力でもあります。

▶ これからの時代の必須スキル

オンライン英会話、さらに Netflix や YouTube といった配信サービスの登場で、ますます英語が身近となりました。それらを最大限利用して、英語ができるようになった人は確実に増えています。一方で、同時に取り残されている人が大量発生しているのも事実です。これからの時代を生きていく皆さんにはぜひ、この波に乗っかって、このデジタルの恩恵を大いに受けてほしいと願っています。

今後は、**AI を正確に動かすための「プロンプトエンジニアリング」**そして、**タイパ向上には欠かせない「タッチタイピング」**、この二つが必須のスキルになります。

まだまだ AI テクノロジーでは英語が優位性を保ち続けると思いますので、この二つは最低限身につけて、これからの時代に備えておきましょう。

下記に英語学習で使えるプロンプトリストをまとめましたので、ご自身でアレンジして役立ててください。

《 Point 》

■ モチベーション維持のために、「好きなもの」を
素材に

■ 生成 AI を使える人、使えない人で二極化

■「プロンプトエンジニアリング」「タッチタイピン
グ」は必須

▶ 英語学習のための使えるプロンプトリスト

　ChatGPT などの対話型 AI で使えるプロンプト例
をご紹介します。太字部分を入れ替えるなどアレンジ
してぜひご活用ください。

便利な基本プロンプト

スピーキング

Please write **10** English sentences for **self-introduction.**
Also, translate them into Japanese.

自己紹介で使える **10** 個の英文を書いてください。ま
た、日本語に訳してください。

Please brush up my speech script and make it more
academic.

私の発言をさらにブラッシュアップしてアカデミック
なものに書き換えてください。

Please rewrite my speech script for **presentation**

purposes.

プレゼン用にスクリプトの原稿をリライトしてください。

Give me a list of **5** questions that are commonly asked at **job interviews.** Also, attach model answers.

会社の面接でよく聞かれる質問を**5個**挙げてください。また、模範の応答もつけてください。

Create **10** interview questions for **school admission.** Also, attach model answers.

学校の入学面接のための**10**の質問をつくってください。また、模範応答もつけてください。

ライティング

Please write a model essay in English about ●● in **100** words.

●●について**100**ワードの英語で模範の英文を書いてください。

Please correct the following sentence.

以下の文を添削してください。

Make a list of the mistakes and corrections.

間違いと訂正をリストにしてください。

Rewrite the following passage at CEFR ●● .
以下の文章を CEFR ●●のレベルに書き直してください。

Please summarize the following passage in **100** English words.
以下の英文を英語**100**ワードに要約してください。

Give me **10** writing topics for a **medical essay.**
医療エッセイのためのトピックを**10**個挙げてください。

Please find grammatical errors in the following sentences and show me why they are incorrect.
以下の英文の文法的な間違いを教えてください。また間違いの理由も教えてください。

Write the following passage into a more natural one.
以下の文章をもっと自然なものに書き直してください。

Please write an essay within **100** words on the topic **"the strong yen."** Please also translate it into Japanese.
「**円高**」をテーマに**100**ワード以内で英作文を書き、それを日本語に訳してください。

Evaluate my essay in terms of grammar, content and logicalness.

文法と内容と論理性の観点から私のエッセイを評価してください。

リーディング

Create the summary of the following English passage in **5** bullet points.

以下の英文の要約を**5**項目の箇条書きにしてください。

Please summarize **Steinbeck's "The Grapes of Wrath"** in **100** words.

スタインベックの『怒りの葡萄』の話の内容を英語**100**ワードにまとめてください。

Give me a list of 10 famous quotes by **Coco Chanel.**

ココ・シャネルの名言を 10 個挙げてください。

Write **10 funny stories** in English and explain why they are funny in Japanese.

10 の**笑い話**を英語で書いてください。また、どうしてそれが面白いのかを日本語で解説してください。

文法

Please make **10** grammar questions about **tense** in English. Please include the answers and explanations

in Japanese.
英語の**時制**に関する問題を **10** 個つくってください。
解答と解説を日本語でつけてください。

Please make **10** multiple-choice fill-in-the-blank grammar questions about **relative pronouns.**
関係代名詞に関する、英語の多肢選択形式の空所補充文法問題を **10** 個つくってください。

Give me the answers and detailed explanations in Japanese. Also, translate the sentences into Japanese.
解答と詳しい日本語の解説をお願いします。また、文を日本語に訳してください。

ボキャブラリー

Pick out the words **at CEFR B1 or over** from this passage and attach Japanese translations for each word.
下の文章 から **CEFR B1 以上**の単語を抜き出し、日本語訳をつけてください。

Make this into a table.
これを表にしてください。

Please pick out important words and phrases from

the following passage and make a list. Please include Japanese translations for the words and phrases.

下の文章から重要な単語とフレーズを抜き出してリストにしてください。日本語訳もつけてください。

Please classify the following words by parts of speech.

以下の単語リストを品詞別にリストにしてください。

Please give some example sentences showing the basic meaning and usage of the word [dedicate].

[dedicate] の基本的な意味と使い方の例文をください。

Make this word list into a table.

これらの単語リストを表にまとめてください。

Teach me the difference between "strict" and "severe."

"strict" と "severe" という単語の違いを教えてください。

Define "democracy."

民主主義を定義してください。

最終講義

オバマ元大統領による広島スピーチから英語を学ぶ意義を知る

バラク・オバマのスピーチ

2016年5月27日、バラク・オバマ米大統領（当時）が広島で演説を行いました。これは、現職のアメリカ合衆国の大統領が初めて広島を訪れ、平和記念公園で演説を行うという歴史的に意義のある出来事でした。この演説の内容は、原爆から始まり、人類の歴史を俯瞰し、私たち人間の本性へと切り込んでいく深い内容のものでした。オバマ平和哲学とも言える芸術的なスピーチです。オバマによる、この広島演説は、世界的な注目を浴び、すべての戦争犠牲者への追悼と、平和を訴えるメッセージとして受け入れられました。約17分にも及ぶ演説でしたが、その冒頭部分を学んでみましょう。

Seventy-one years ago, on a bright cloudless morning, death fell from the sky and the world was changed. ◀
71年前、雲のない明るい朝、空から死が舞い降りてきて、世界が一変しました。

この演説は冒頭で、比喩的に原爆を死にたとえ、そこから私たちのこの世界が変化したことを伝えます。

A flash of light and a wall of fire destroyed a city and demonstrated that mankind possessed the means to destroy itself. 🔊

閃光と火の壁によって都市は破壊され、人類が自らを滅ぼす力を所有したことが示されたのです。

原爆投下は、人類が破滅的な力を持ち始めたターニングポイントになったということがここで強調されます。

Why do we come to this place, to Hiroshima? We come to ponder a terrible force unleashed in the not so distant past. We come to mourn the dead, including over 100,000 Japanese men, women and children, thousands of Koreans and a dozen Americans held prisoner. 🔊

どうして私たちはこの広島という場所に来るのでしょうか。それほど遠くない過去に解きはなたれた恐ろしい力について思いをはせるためにやってきます。また、10万人以上の日本人の男女、子どもたち、何千人もの朝鮮半島出身者、捕虜となっていた12人のアメリカ人の死を追悼するためにここに来ます。

オバマはここで、日本人のみならず、国籍の違う人々

が犠牲になったことを述べ、核兵器の脅威は人を選ば
ないということを伝えます。

Their souls speak to us. They ask us to look inward, to
take stock of who we are and what we might become. 🔊
彼らの魂が語りかけてきます。そして、彼らは私たち
に内省を促し、私たちのある姿と私たちが変わりうる
姿を考えるよう求めます。

It is not the fact of war that sets Hiroshima apart.
広島が特別な場所であるのは、戦争という事実による
ものだけではありません。

ここで、話は、太平洋戦争の終結の地である広島か
ら、もっと大局的に人類の歴史を俯瞰するものへと進
んでいきます。ここからがこの演説の中心部です。

Artifacts tell us that violent conflict appeared with the
very first man. Our early ancestors, having learned to
make blades from flint and spears from wood, used
these tools not just for hunting but against their own
kind. 🔊
過去の遺物から、暴力的闘争は最初の人類の時代にも
う生まれていたということがわかっています。私たち
の最初期の祖先は石から刃を切り出し、木を削って槍
をつくり、これらの道具を狩りに使うだけでなく、互

いを傷つけるために使ったのです。

人類という種は、太古の昔より、道具を持ったら、それを傷つけ合うために使ってきたわけです。ここまで遡って、現在の事象を考える深い内容が始まります。

On every continent the history of civilization is filled with war, whether driven by scarcity of grain or hunger for gold, compelled by nationalist fervor or religious zeal. Empires have risen and fallen, peoples have been subjugated and liberated. And at each juncture innocents have suffered, a countless toll, their names forgotten by time. ◀

あらゆる大陸において、私たち人類の歴史は戦争に満ちています。その戦争は穀物の不足や黄金への欲に駆られて起こった場合もあれば、愛国主義の高まりや宗教的熱狂に押された場合もあります。帝国は勃興し滅亡しました、民族は服従させられたり、解放されたりしました。そして、そのような歴史上の分岐が起こるたびに無実の人々が犠牲になりました。数え切れないほど人が犠牲となり、その名前は時間と共に忘れ去られました。

たしかに人類の歴史を振り返ってみると、資源の奪い合いや宗教対立などのため、リーダーたちは無実の人々を巻き込み戦争を続けてきました。それが現代で

も世界のあらゆるところで続いているわけです。オバマは広島での出来事を、この人類史の大きな流れの中から捉えることを促しているのです。

The World War that reached its brutal end in Hiroshima and Nagasaki was fought among the wealthiest and most powerful of nations. Their civilizations had given the world great cities and magnificent art. Their thinkers had advanced ideas of justice and harmony and truth, and yet the war grew out of the same base instinct for domination or conquest that had caused conflicts among the simplest tribes, an old pattern amplified by new capabilities and without new constraints. ◀

広島と長崎で悲惨な結末を迎えた世界大戦を戦ったのは、最も豊かで最も強大な国々でした。それらの国の文明は世界に大きな都市を築き、荘厳な芸術を生みました。その思想家たちは、正義や調和や心理という概念を進展させました。それにもかかわらず、最も原始的な部族の間で紛争を引き起こしたのと同じ、支配と征服を求める根源的本能から戦争が起こったのです。そして、この古い行動様式は新しい戦闘能力によって増幅されたにもかかわらず、新しい抑制手段を持たなかったのです。

スピーチのこの部分では、広島や長崎の出来事、そして太平洋戦争や第二次世界大戦を、人類の歴史の延長線上で捉え、さらに現代へと続く問題点が暗に示されます。

私なりにオバマの意図を解釈してみます。人類の本性は変わらないにもかかわらず、私たちは現在大量の核兵器を保有しています。そのボタンを握っているのは、支配欲の強いリーダーたちです。人類の戦争の歴史はそのようなリーダーたちによってつくられ、多くの人たちが犠牲になってきました。

広島の地に立ったオバマは、過去の犠牲者を追悼しながらも、本性を抑制できずに核兵器の使用へと至ったこの広島と長崎の教訓から人類が学ぶことを促しています。原爆を投下した国のリーダーが、このようなスピーチをこの広島の地において行ったのはまさに歴史的瞬間でした。

この英語の演説を聴くたびに言葉の持つ強い力を実感します。世の中には「口で言っているだけでは何も変わらない」とシニカルに唱える人々もいます。もちろん、有言実行でなければならないのは当然です。しかし、言葉のエネルギーは、自らにも他人にも行動を促すことができます。

英語のような言葉を学ぶ意味はまさにそこにあるのだと思います。人をつなぎ、人を動かす。そんな魂のこもった言葉を皆さんにも身につけてほしいと思います。

英語は、世界中の教室で学ばれている言語です。敵対する国家同士でも、それぞれの国の教室では、英語という同じ言語が学ばれているわけです。

以前 Clubhouse という音声配信 SNS がコロナ禍で流行していたとき、私も家にこもって、世界の人たちとの会話を楽しんでいました。その SNS では、多くの国の人たちが英語を使って交流を楽しんでいました。その中で私が驚いたのは、イラクの学生たちが、献身的に英語を教えているアメリカ人ボランティアから、一生懸命英会話を学んでいる様子でした。

私も会話に割り込んでいろいろと話していたのですが、そのイラクの学生はティクリートの学校に通っているということでした。ティクリートはイラク戦争の戦地として、また、イスラム国との戦いの舞台として、よく聞いていた名前でした。故フセイン大統領の出身地でもあります。

このことは、驚きと感動のような不思議な感情を私の中に引き起こしました。憎しみや争いの歴史を越えて、テクノロジーと言葉が人々をつないでいるのです。英語教師としての自分の人生を振り返り、改めて英語を学ぶことや教えることの意義を実感することができました。

私の長い講義に、最後までお付き合いいただきありがとうございました。英語や世界や人生の過ごし方を、日々学び続ける皆さんの学友として、勉強の仕方を共

有できたことをうれしく思います。

また、私の講義を文字にして、臨場感たっぷりに伝えていただいた小松アテナさんや、編集者の西村健さん、そしてこの本を手に取ってくれた英語学習者の皆さんに感謝します。私の学習法が、少しでも皆さんが世界とつながる助けとなれば幸いです。

Enjoy making mistakes! Enjoy learning English!

【主な発音記号リスト】

母音	単語の例	発音記号
【i】	lucky	/lʌ́ki/
【iː】	east	/íːst/
【ɪ】	sit	/sít/
【e】	get	/gét/
【æ】	cat	/kǽt/
【ɑː】	palm	/pɑ́ːm/
【ʌ】	up	/ʌ́p/
【ɔː】	ball	/bɔ́ːl/
【ʊ】	pull	/pʊ́l/
【u】	graduate	/grǽdʒuèɪt/
【uː】	food	/fúːd/
【ə】	police	/pəlíːs/
【ɚ】	sister	/sístɚ/
【ɚː】	bird	/bɚ́ːd/
【eɪ】	case	/kéɪs/
【aɪ】	ice	/áɪs/
【ɔɪ】	choice	/tʃɔ́ɪs/
【aʊ】	house	/háʊs/
【oʊ】	go	/góʊ/
【ju】	manual	/mǽnjuəl/
【juː】	few	/fjúː/
【jʊ】	popular	/pɑ́(ː)pjʊlɚ ǀ pɔ́pjʊlə/
【ɪɚ】	year	/jíɚ/
【eɚ】	there	/ðéɚ/
【ɑɚ】	car	/kɑ́ɚ/
【ɔɚ】	war	/wɔ́ɚ/
【ʊɚ】	tour	/tʊ́ɚ/
【jʊɚ】	cure	/kjʊ́ɚ/
【aɪɚ】	fire	/fáɪɚ/
【aʊɚ】	power	/páʊɚ/

子音

子音	単語の例	発音記号
【p】	play	/pléɪ/
【b】	boy	/bɔ́ɪ/
【m】	minute	/mínɪt/
【t】	ten	/tén/
【d】	dog	/dɔ́:g/
【n】	nice	/náɪs/
【k】	keep	/kíːp/
【g】	good	/gʊ́d/
【ŋ】	song	/sɔ́:ŋ/
【tʃ】	child	/tʃáɪld/
【dʒ】	Japan	/dʒəpǽn/
【f】	free	/fríː/
【v】	very	/véri/
【θ】	think	/θíŋk/
【ð】	this	/ðís/
【s】	sky	/skáɪ/
【z】	zoo	/zúː/
【ʃ】	short	/ʃɔ́ə·t/
【ʒ】	pleasure	/pléʒə·/
【h】	have	/hǽv/
【l】	long	/lɔ́:ŋ/
【r】	river	/rívə·/
【j】	yes	/jés/
【w】	west	/wést/
【ts】	it's	/ɪts/
【dz】	cards	/kɑ́:dz/

【編集協力】

小松アテナ(AtoZ English)

【本文イラスト】

TKM／PIXTA

【写真】

P60　アルベルト・アインシュタイン(GRANGER/時事通信フォト)
P92　ウォルト・ディズニー(dpa/時事通信フォト)
P118　ピーター・ドラッカー
　　　(Kurt Petersen/Ritzau Scanpix/時事通信フォト)
P155　スティーブ・ジョブズ(AFP＝時事)
P178　マララ・ユスフザイ(AFP＝時事)
P243　バラク・オバマ(時事)

安河内哲也［やすこうち・てつや］

1967年、福岡県北九州市生まれ。上智大学外国語学部英語学科卒業。東進ハイスクール・東進ビジネススクール講師。情報経営イノベーション専門職大学客員教授・客員研究員。一般財団法人実用英語推進機構代表理事。米国認定NPO ELT Society理事。話せる英語、使える英語を身につけることを重視し、実用英語教育の普及活動を推進。子どもから大人まで、英語をわかりやすく、楽しく教える手腕には定評がある。著書にベストセラーとなった『できる人の勉強法』(中経出版)などがある。

PHP新書 1383

高校生が感動した英語独習法

二〇二四年一月二十九日　第一版第一刷

著者　　　安河内哲也
発行者　　永田貴之
発行所　　株式会社PHP研究所
東京本部　〒135-8137 江東区豊洲5-6-52
　　　　　ビジネス・教養出版部　☎03-3520-9615(編集)
　　　　　普及部　☎03-3520-9630(販売)
京都本部　〒601-8411 京都市南区西九条北ノ内町11
組版　　　白石知美・安田浩也(株式会社システムタンク)
装幀者　　芦澤泰偉＋明石すみれ
印刷所
製本所　　図書印刷株式会社

©Yasukochi Tetsuya 2024 Printed in Japan
ISBN978-4-569-85640-7

PHP新書
PHP INTERFACE
https://www.php.co.jp/

PHP新書刊行にあたって

「繁栄を通じて平和と幸福を」(PEACE and HAPPINESS through PROSPERITY)の願いのもと、PHP研究所が創設されて今年で五十周年を迎えます。その歩みは、日本人が先の戦争を乗り越え、並々ならぬ努力を続けて、今日の繁栄を築き上げてきた軌跡に重なります。

しかし、平和で豊かな生活を手にした現在、多くの日本人は、自分が何のために生きているのか、どのように生きていきたいのかを、見失いつつあるように思われます。そして、その間にも、日本国内や世界のみならず地球規模での大きな変化が日々生起し、解決すべき問題となって私たちのもとに押し寄せてきます。

このような時代に人生の確かな価値を見出し、生きる喜びに満ちあふれた社会を実現するために、いま何が求められているのでしょうか。それは、先達が培ってきた知恵を紡ぎ直すこと、その上で自分たち一人一人がおかれた現実と進むべき未来について丹念に考えていくこと以外にはありません。

その営みは、単なる知識に終わらない深い思索へ、そしてよく生きるための哲学への旅でもあります。弊所が創設五十周年を迎えましたのを機に、PHP新書を創刊し、この新たな旅を読者と共に歩んでいきたいと思っています。多くの読者の共感と支援を心よりお願いいたします。

一九九六年十月

PHP研究所